ネイティブが教える
ほんとうの英語の冠詞の使い方

デイビッド・セイン　*David A. Thayne*

森田 修　　古正佳緒里
Osamu Morita　*Kaori Furusho*

Mastering English Articles

研究社

Copyright © 2013 by AtoZ

ネイティブが教える
ほんとうの英語の冠詞の使い方
Mastering English Articles

PRINTED IN JAPAN

はじめに

ほとんどの読者は、英語を学んでみて初めて「冠詞」という言葉の存在を知ったと思います。なぜなら、日本語には冠詞がないからです。

そしてその複雑さに頭を悩ませ、「母音の前は a を an にする。water や coffee には冠詞が付かない」くらいのルールを頭に入れ、あとはなんとなく「雰囲気で」a や the を使い分けているのではないでしょうか？

そもそも「冠詞」とは、どのようなものを言うのでしょうか？

簡単に言えば、「名詞の前か後に置き、話し手が特定のものを示しているかどうかを表わす語」のことです。「簡単に」と書きましたが、改めてこの説明を読めば、まったく簡単ではありませんよね？　「なんで日本語にはないのに、英語にはそんなものが必要なの？」と思われるのも、無理はありません。

英語では、名詞の前に冠詞が置かれます。つまり、「まず冠詞ありき」なのです。なぜ「まず冠詞ありき」なのかといえば、冠詞の有無で文全体の意味が変わるからです。

ためしに、以下の3つの文を「冠詞のニュアンスを出して」日本語に訳してみてください。

1. John has a cat.
2. John has the cat.
3. John has cat.

1がもっとも一般的な文で、「ジョンはネコを飼っている」です。2は「ジョンはネコのほうを持っている」、3は「ジョンはネコ肉を持っている（?!!）」です（なぜこのような訳になるのかは、068ページをご覧ください）。

ふだんは1の「自然な英語」しか目にしないでしょうが、2も3も、不自

然ではあるものの、英語として通じます。1は○で、あとは×と言い切ることはできず、「それぞれの冠詞のニュアンスを出した解釈ができる」のです。「ジョンはネコとイヌのどっちを飼ってるの？」と聞かれたなら2の返事をするはずですし、ネコの肉を食用とする習慣がある国ならば、3のような返事もありえるでしょう。

　冠詞の使い方を知るには、冠詞本来の意味を知ることが大切なのです。

　では、どうすれば冠詞の意味がわかるようになるでしょうか？　文法書を読めばいいでしょうか、それともフレーズを暗記すればいいでしょうか？

　それには、私たちネイティブが、どのように冠詞の使い分けを習得したかがヒントになります。私たちは冠詞を「覚えた」のではなく、自然に「身につけた」のです。言い換えれば、「冠詞を身につける」とは、「冠詞の使い方に慣れる」ということなのです。

　定冠詞・不定冠詞・無冠詞の使い方をルール化すれば、100近いルールになるといわれ、例外も山ほどあります。そんなルールをすべて暗記するのは、至難の業です。言葉とは本来、暗記するものではなく、自然に身につけるべきもののはず。ではどうすれば、自然に身につくでしょうか？

　本書では、クイズのように簡単な例文を次から次へと読むことで、さまざまな冠詞の使い方に慣れてもらいます。冠詞による意味の違いを、繰り返し「刷り込む」ことで、ほんとうの冠詞の使い方が身につくはずです。

　最後に、『ネイティブが教える英語の語法とライティング』『ネイティブが教える英語の動詞の使い分け』に続いて、本書の企画を実現してくださった研究社の金子靖さんに、心より感謝申し上げます。また、今回は編集段階で同編集部の鈴木美和さんにもお世話になりました。

　この本は中学生にもぜひ読んでいただきたいと思い、既刊のシリーズ本よりずっと親しみやすい内容にいたしました。本書で、読者の皆さんが少しでもネイティブの冠詞感覚を身につけてくだされば本望です。

2013年1月
デイビッド・セイン

目次

はじめに
003

序章
ネイティブにとって冠詞とは？
007

第1章
a / an / the / 無冠詞とは？
013

第2章
ルールで覚える冠詞の使い方
031

第3章
冠詞の違いによるニュアンスの違いを実感する！
065

第4章
冠詞の英訳
087

第5章
中級編　ビジネス例文に挑戦！
109

第6章
冠詞の仕上げ問題に挑戦！
127

Which article do you need?

John has _____ cat.

序 章

ネイティブにとって冠詞とは？

Introduction

冠詞とは「なくてはならないもの」

　英会話学校で、日本人の生徒に「英語の何がむずかしいか」をたずねると、たいていの生徒は「冠詞」と答えます。
　日本語には、冠詞がありません。ですから「なぜ物の名前の前に冠詞を付けなければいけないのか、理解できない」と彼らは言うのです。たしかに、それは一理あるかもしれません。
「ネイティブにとって、冠詞とはどういうものですか？」これもよく聞かれる質問です。
　日本人には「邪魔なもの」かもしれませんが、私たちネイティブにとって、**冠詞とは「なくてはならないもの」**です。もし**冠詞がなかったら、どうやって意味を理解すればいいのか途方に暮れる**でしょう。**冠詞があるからこそ会話が通じ、筋道だった文章を書くことができる**のです。
　次によく聞かれるのは、「ネイティブは、どうやって冠詞を覚えるのですか？」です。the sun のように世界に１つしか存在しないものには the を、お互いが何を指しているかが限定できる時には the を付けて……なんて、習い方はしません。
　日本人だって、子供に言葉を教えるのに、ルール（文法）から教える親はいませんよね？
　それと同じで、冠詞のルールを子供に教えることはまずありません。
　強いて言えば、ネイティブであれば子供に単語を教える際、"book" ではなく "a book" と、"sun" ではなく "the sun" と教えるでしょう。
　英会話学校では、幼児に単語を覚えさせる際、よくフラッシュカードを使います。ほとんどのフラッシュカードが名詞なら名詞のみ（book なら book だけ）ですが、"a book" と冠詞も付いていたら、より冠詞の必然性がわかるのに……と思います。

つねに名詞と冠詞をセットにすることで、**「名詞には冠詞を付ける必要性があるんだ」**と意識させられると思うのです。また**「どの名詞にはどの冠詞が付くか」**を、言葉と同時に覚えられます。ネイティブの親は、無意識にそうやって冠詞の使い方を子供に教えているはずです。

　正直に言って、ネイティブが冠詞で苦労することは、まずありません。「いつのまにか自然に身につけている」としか言いようがないでしょう。

　小学校から大学まで、冠詞の使い方を教えるような授業はありませんし、「冠詞はむずかしい」という意識すらありません。

　つまりネイティブにとって、それだけ**「冠詞の使い方はあたり前のこと」**なのです。

どうして冠詞はむずかしい？

　それでは、なぜ日本人にとって冠詞はむずかしいのでしょうか？

　その理由は、**冠詞を「使う／使わない」で「意味が明確に変わる」**にもかかわらず、**冠詞の意味がきちんと日本語に翻訳されていないから**でしょう。

　例を挙げて説明します。

I bought ***the*** red book.

を日本語に訳すと、次のどちらになりますか。

1　私は赤い本を買った。
2　私は赤いほうの本を買った。

　ほとんどの人が、1の「私は赤い本を買った」を選んだと思います。しか

Introduction

し実は、それは間違いです。

正しい訳は、「私は赤いほうの本を買った」です。なぜそうなるか、わかりますか？

1を選んだ人が多いのは、「日本語としての自然さ」を優先させているためです。2は、確かに日本語として少し不自然です。

しかしネイティブが **the** red book と言う時のニュアンスは、2の「赤いほうの本」なのです。**「白でも黒でもなく、赤いほうの本」**と言いたいから、**the** red book と言っているのだと考えるといいでしょう。

ただ「赤い本」と言ってしまうと、なぜ a red book ではなく **the** red book と言ったのか、英語本来のニュアンスが伝わりません。

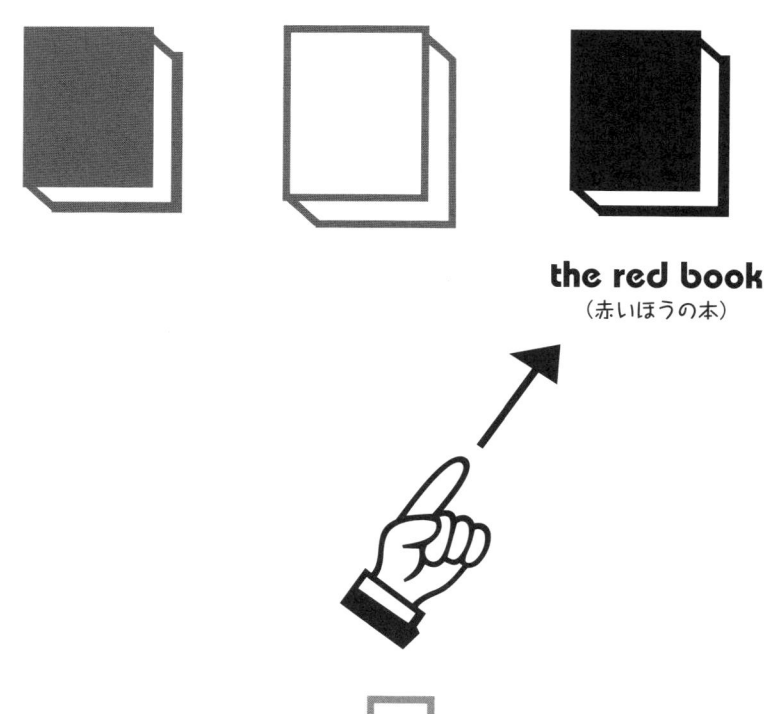

the red book
（赤いほうの本）

冠詞の意味合いとは？

　冠詞の「ルール」を解説する本は、日本でも数多く出ています。本によっては100近いルールで説明しているものもあり、私もそれらを読んで「なるほど、こういうルールでtheを使っているんだ」と改めて知ることが多々あります。

　たとえば「われわれの周りにただ1つしかないと考えられる物の名にはtheを付ける」というルールで the sky, the world を覚えさせますが、山ほどあるルールをすべて覚えるのは無理でしょう（この本でも、参考までに2章でルールを説明しています）。学校の先生は無理を承知でテストに出すのでしょうが、ネイティブからすればルール以前に「**英語本来の冠詞の意味合い**」を**知るべき**だと思います。

　冠詞の持つ意味合いを「感覚的」に身につけ、その上でルールを（暗記ではなく）直感的に判断できるようになれば、冠詞を自然に使い分けることが可能となるはずです。

　この本では「冠詞のルール」を紹介しながらも、それを感覚的に理解してもらうために「山ほどの例文（！）とネイティブの解釈」をセットにして紹介していきます。

　「ネイティブの解釈」とは、ふだん目にする「自然な日本語」では訳されていない**「ネイティブが感じとる冠詞本来の意味合い」**のことです。

　ネイティブの冠詞感覚を表現するため、あえて不自然な日本語訳をしていますが、その不自然な部分こそが、日本語化されなかった「ネイティブの冠詞感覚」なのです。

　さまざまな例文と解説を繰り返し読むことで、**感覚的に「ネイティブにとっての冠詞」**を身につけてください。

the sun

第 1 章

a / an / the / 無冠詞とは？

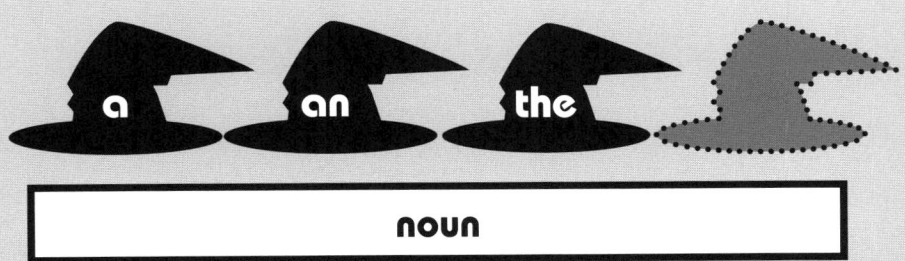

Chapter 1

🎩 the って、どういうもの？

　冠詞は大きく分けると、不定冠詞（a / an）、定冠詞（the）、無冠詞に分けられます。多くの日本人は、「全部の名詞に同じ冠詞を付ければいいのに、どうして使い分ける必要があるの？」と疑問に思うはずです。「名詞に冠詞を付ける」ということ自体、日本語の感覚にないものなのに、さらにそれを使い分けることに納得がいかないようです。

　まず、the（定冠詞）は**「長文を避けるために使われる」**と考えるといいでしょう。2012 年の金環日蝕の際、次の言葉を盛んに耳にしました。

　Don't look at ***the sun***.（太陽を見てはいけません）

"a sun" ではなく、なぜ "the sun" なのでしょうか？
　ほとんどの人が「太陽のように、この世に1つしかないものには the を付けるから」と答えるでしょう。学校でも冠詞 the の使い方として、そのように習ったはずです。
　しかしこれは、事実ではありません。
　たとえば実際のところ、宇宙には数多くの太陽が存在しています。決してこの世に1つではありません（専門的な話になるので、詳しくはご自身で調べてください）。
　「太陽系の中で唯一の恒星」を私たちは「太陽」と呼んでいるだけで、宇宙には同じような恒星（太陽）はたくさんあるのです。それをふまえて言えば、本来こう言わなければならないはずです。

　Don't look at ***a sun*** that rotates around our planet.

（私たちの惑星の周りを回っている太陽を見てはいけません）

先ほどの文なら5語で言えたものが、説明が付いたために10語となりました。これでは、あまりにも長すぎますね？　そう、**長すぎるから "the" を付ける**のです（地上から見た「太陽」ではなく、他の天体との関係を述べるなど、純粋に「天体」として考える場合は、The Earth rotates around ***the Sun***.「地球は太陽の周りを回っている」のように、the Sun と s を大文字で表記することがあります）。

もう少し例文を見ていきましょう。それぞれ上の文は、下の文のように短く言い換えることができます。

Bring me ***a newspaper that I read every morning***.
（私が毎朝読んでいる新聞を持ってきて）

→　Bring me ***the newspaper.***（新聞を持ってきて）
　※ the newspaper は、話をしている両者がともに何を指しているかがわかる新聞を指す。ここでは「毎朝読んでいる新聞」のこと。

I read ***the newspaper that I subscribe to***.
（私は予約購読しているいつもの新聞を読みます）

→ I read ***the newspaper***.（私はその新聞を読む）
　※「不特定のどれでもいい新聞」ではなく、「いつも読んでいる新聞」を指す。

このように、**「改めて説明しなくてもわかりきっていることをまとめる」**ために、**冠詞の the を用いる**と考えるといいでしょう。

先ほども例に挙げた「世界に1つのもの」だけでなく、文法の時間によく

Chapter 1

教える「最上級の前には the」や「お互いが何を指しているかわかるものには the」などのルールもすべてこれで説明できます。

🎩 aって、どういうもの？

　一方、不定冠詞の a は、基本的には**「どれでもいいものの 1 つ」**と考えられます。先ほどの文の the を a に変えると、実はこんな意味になるのです。

Bring me ***a newspaper***.
（どれでもいいから新聞を持ってきて）

　学校の授業では"a"＝「1つの」と習うようですが、それだとこの例文は「新聞を1つ持ってきて」となり、あまり違和感を覚えません。
　the newspaper とすることで、複数ある中の「特定の新聞」を指すことができ、a newspaper では「どれでもいい1つの新聞」となってしまうのです。
　the は「**定冠詞**」(**definite article**)、a は「**不定冠詞**」(**indefinite article**)と呼ばれるように、**the は特定のものを、a は不特定のものを指す**という概念が、根底にあるのです。はじめの一歩として、まずはその感覚を身につけましょう。別の例を挙げます。

I need to go to ***the store***.
（いつもの店に行かないと）

I need to go to ***a store***.
（どこかの店に行かないと）
※見知らぬ土地でどこかの店に入る場合、このように言う可能性があります。

I think I'll buy **the brown hat**.
（その茶色いほうの帽子を買おうかな）

I think I'll buy **a brown hat.** (??)
（どれでもいいから茶色い帽子を買おうかな）

　こうして見ていくと、このthe と a の違いがつかめますよね？
　いずれの文も英語として通じなくもありませんが、(??) マークの付いたものはやや不自然な文となります。このような日本語に訳せば、なぜ不自然なのかが一目瞭然ですね。
　このように同じ例文で the と a を比較すると、なんとなく２つの違いが理解できたと思います。とはいえ、もちろん冠詞はこれですべてが説明できるほど単純なものではありません。

「a が付く／付かない」の違い
　　　——不定冠詞と無冠詞の違い

< hamburger それとも a hamburger? >

　ところで日本語には「ハンバーグ」と「ハンバーガー」という２つの言葉があります。「ハンバーグ」はひき肉を円形に固めて焼いた１皿の肉料理、「ハンバーガー」はバンズと呼ばれるパンに「ハンバーグ」をはさんだサンドイッチの一種です。日本語ではこのように使い分けていますが、それぞれ英語では何と言うかご存知ですか？
　実は英語では、どちらも hamburger という名詞を用います。**「ハンバーグ」か「ハンバーガー」かの区別は、冠詞でつける**のです。では、レストランで次のように注文したら、それぞれ何が出てくるでしょうか？

Chapter 1

1. I'd like *hamburger*, please.
2. I'd like *a hamburger*, please.

正解は、1で出てくるのは「ハンバーグ（ステーキ）」、2で出てくるのは「ハンバーガー」です。日本語訳はこうなります。

1. ハンバーグをお願いします。
2. ハンバーガーをお願いします。

a hamburger（ハンバーガー）は**「形ある１つの個体」**という認識のためaが付きますが、hamburger（ハンバーグ）は**「個体というより、ぐちゃぐちゃなひき肉」**という認識のため、waterやmilkと同じく**「実体のない物」**という扱いになり、aが付かないと考えられます。

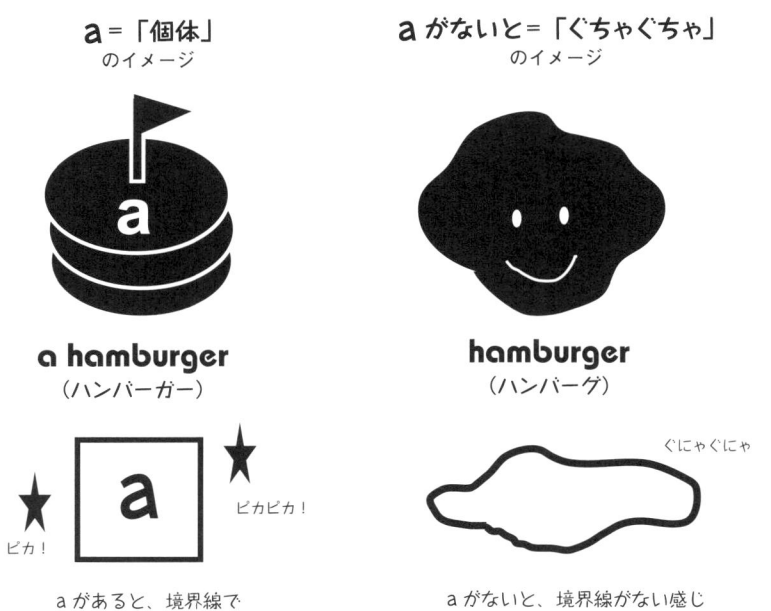

言葉で説明するとむずかしいですね。この説明を覚える必要はありませんが、この**「形の感覚」を身につけてほしい**のです。つぎつぎと同じパターンの例文を見ていきましょう。

＜ paper それとも a paper? ＞

paper といえば「紙」ですが、paper と a paper の違いは何でしょう？ハンバーガーと同じく「形の感覚」で考えてみましょう。

1. Do you have *paper*?
2. Do you have *a paper*?
3. Do you have *a piece of paper*?

1の paper は、一般的な「紙」を指します。ただし切っていない状態の紙（ロール状のようなもの）を想像するといいでしょう。2の a paper は「新聞」です。新聞という「形ある1つの個体」を指すため a が付きます。一方、3の a piece of paper は、「1枚の紙」のことです。a piece of で「1枚の」となるため、1の paper とは異なり「1枚1枚の状態になった紙」を表わします。

そのため日本語訳は、それぞれ次のようになります。

1. 紙を持ってる？
2. 新聞を持ってる？
3. 紙を1枚持ってる？

Do you have paper? を実際に使うのは、お店で「紙を置いていますか？（販売していますか）」とたずねるような状況でしょう。「ある程度、大量の枚数の紙があるか（在庫があるか）」という含みがあるので、紙問屋などに紙の在庫を確認するような時に言うようなフレーズです。

Chapter 1

しかし日常会話で周囲の人にたずねる場合、たいてい必要とするのは「大量」ではなく「数枚」のはずですから、Do you have some paper?（紙を［何枚か］持ってる？）を使います。もしあえて「1枚」と言うならば、a paper ではなく3の a piece of paper となります（059〜061ページの「不可算名詞の数え方」を参照）。

＜ cake それとも a cake? ＞

cake といえばデザートで食べる「ケーキ」ですが、cake と a cake の違いは何でしょう。これを間違えて言うと、すごい人だと思われちゃいますよ……。

1. I ate *cake* for dessert.
2. I ate *a cake* for dessert.

1の場合、ネイティブはあなたが「小さなケーキ」を食べたと考えます。しかし a cake とすると、あなたが大食漢で、「大きなホールのケーキを1個丸ごと」食べたと思われます。

1. 私はデザートにケーキを食べた。
2. 私はデザートにケーキを1ホール食べた。

ちなみに1のケーキはナイフで切っていない小さいものを指し、ナイフで切り分けたケーキを言う場合は two pieces［slices］of cake という言い方をします。

余談ですが、アメリカ人にとっての one cake とは「1人分」のケーキではなく、だいたい「12人分の丸い大きなケーキ」、つまり a whole cake を意味します。アメリカでは、ひとつのケーキ＝12人分が一般的なのです。

アメリカ人の考える one cake は大きなホールを指すので、

I ate **three cakes**.

と言えば、「ホール3個分のケーキ」を食べたのだと誤解されます。このあたりの数字の感覚は、文化も関係するため理解がむずかしいかもしれません。「1切れ（1人分）のケーキ」と言うなら、a piece of cake と表現しましょう。しかし「ケーキ」の場合は例外的に、

I ate **strawberry short cake**.

と冠詞を何も付けずに言っても、「いちごのショートケーキを（1個）食べた」と受け取ってもらえます。
　この場合、ケーキを数えられない名詞（不可算名詞）として扱い、丸いケーキを適当に切り分けて食べるイメージになるため、あえて「何個」という量について触れなくても1人分をイメージしてもらえるのです。同様に、

I ate **chocolate cake**.
I ate **cheesecake**.

なども、「チョコレートケーキを食べた」「チーズケーキを食べた」と数には言及せずに表現することが可能で、これを聞いてもネイティブは普通に1人分を想像するでしょう。しかし、

I ate **a strawberry short cake**.

と、うっかり不定冠詞の a を言い「数」に言及してしまうと、「1個のホール

Chapter 1

のケーキを食べた」という意味になるため、12人分の丸いケーキを1人で食べたと思われてしまうのです。

　ちなみに、日本で言う1切れずつのケーキは、英語では **pastries** と言うとうまく伝わります。アメリカでは普通1個ずつ売るタイプのケーキを、ホールの **cake** と呼び分けて **pastries** と言います。

　　Let's get ***some pastries*** for dessert.

と言えば「デザートにケーキを食べようよ」という意味で通じますが、

　　Let's get ***a cake*** for dessert.

と言うと、「みんなで1個のホールのケーキを食べようよ」と誘っているように思われます。

　ネイティブの感覚を絵にすれば、↓このようになります。こうしてみると、I ate ***a cake*** for dessert. と言うことが「どれだけスゴいこと」なのか、おわかりいただけますよね？

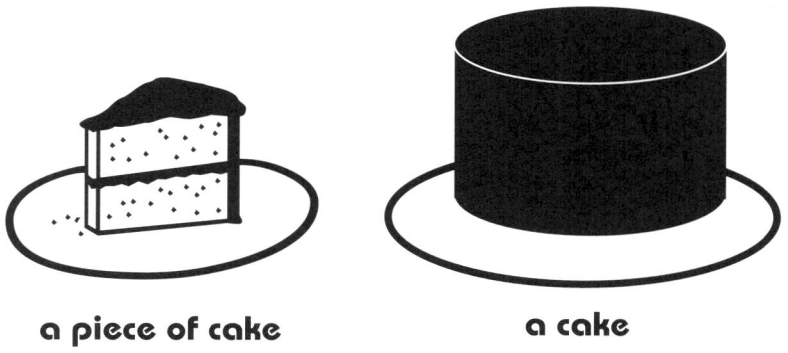

　　　a piece of cake　　　　　　a cake

< lunch それとも a lunch? >

　lunch と a lunch でも意味は違います。普通にお昼ご飯に誘うフレーズはどちらでしょう？

1. Would you like to have ***lunch*** with me tomorrow?
2. Would you like to have ***a lunch*** with me tomorrow?

　1 は lunch（昼食）を一緒にとろうということ、2 は a lunch なので一般的には「特別な昼食会」を指します。「特別な昼食会」とは、食事をするだけではなくスピーチを聞いたりする特別なランチのことです。

1. 明日、昼食をご一緒しませんか。
2. 明日、特別な昼食会にご一緒しませんか／明日、私と一人前の昼食を一緒に食べない？（一人前の食事を分けあって食べる？）

　a lunch は「特別な昼食会」だけでなく、「一人前の昼食」の意味合いもあります（a を普通に「1 つの」の意味でとらえた場合）。もしその意味であれば、2 は「明日、私と一人前の昼食を一緒に食べない？（一人前の食事を分けあって食べる？）」という文になります。やや不自然にも聞こえますが、状況によってはありえなくもありません。

Chapter 1

 「the が付く／付かない」の違い
　　　——定冠詞 the と無冠詞の違い

< time それとも the time? >

　定冠詞のある／なしで、どのように意味が変わるかを見ていきましょう。最初は、いずれもよく使う言い回しからです。

　次の２つの文のうち片方は、ナンパにも使えるフレーズになります。さあ、あなたはどう訳しますか？

1. Do you have ***time***?
2. Do you have ***the time***?

　１は「時間があるかどうか」、つまり「ヒマかどうか」をたずねる表現。ナンパに使うのはこちらで、人を何かに誘う時に使うフレーズです。

　一方、２の場合は普通、the time ＝「時計の時間、時刻」を意味するため、「時計を持っているか？」→「今何時ですか？」となり、Do you know what time it is? とほぼ同じ意味を表わします。

1. 時間ありますか？
2. 今何時ですか？

　おそらく２の意味を知らないであろう日本人の女性に、ネイティブが時間を知りたくて Do you have the time? と聞いたら、すごい剣幕で No! と言われた…なんて笑い話もあります。

< beer それとも the beer ? >

beer は water や milk と同じく液体ですから、物質名詞の仲間。それでは次の beer と the beer の違いは？

1. She doesn't like ***beer***.
2. She doesn't like ***the beer***.

1は「ビールというもの全般」を指すので、「彼女はビールというものを好きではない」ことになります。しかし2は the beer ですから、特定のビールを指します。目の前に並んでいるビールのどれかなど、会話している者同士がお互いに認識している、ある特定のビールです。

Chapter 1

そのため日本語訳はこのようになります。

1. 彼女はビールが好きじゃないって。
2. 彼女はそのビールは好きじゃないって。

the の場合、イラストのように指差し確認しながら使うのもいいでしょう。ただしもちろん例外もあるので、注意が必要です！

＜ water それとも the water? ＞

water は、一定の形をとらない物質名詞と呼ばれるものの仲間。量的なものを表わすので、原則的には不定冠詞や複数形をとることはないとされています。では、water と the water の違いは？

1. Is *water* boiling yet?
2. Is *the water* boiling yet?

1は特定していない water を指すため、「どこかの水」というニュアンスになります。一方、2は会話をしている者同士が共通で認識している「あの water」（つまりお風呂の水）を指します。

1. どこかでお湯が沸いているの？ (??)
2. そろそろお湯は沸いているの？

日本語では、「（お風呂の）お湯、沸いた？」と表現するため、Is the water boiling yet? の英語がなかなか思いつかない人が多いようです。これまた余談ですが、ネイティブはその逆で「水を沸かすのに、なぜ『お湯を沸かす』と言うのか？」が不思議でなりません……。

< Bush それとも the Bush? >

アメリカの元大統領 Bush 氏に関する例文です。固有名詞ですが、Bush と the Bush, The Bushes の違いは？　ちなみに、ひとつはナンセンス・ジョークになります。

1. ***Bush*** gave a press conference last night.
2. ***The Bush*** gave a press conference last night.
3. ***The Bushes*** gave a press conference last night.

１はブッシュ大統領、２の the Bush は低木の茂み、３の the Bushes は「ブッシュ家」のことです。さすがに２はありえない内容ですが、the の有無でネイティブは意味の違いを感じとるため、２はナンセンス・ジョークとなります。３のように the Bushes と複数形にすると、「ブッシュ家」のように「一家」を指す表現になりますから、これもあわせて覚えておきましょう。

1. ブッシュ大統領は昨晩記者会見をしました。
2. 低木の茂みが昨晩記者会見をしました。(??)
3. ブッシュ家は昨晩、記者会見をしました。

< weather それとも the weather ？ >

会話を始める糸口として、天気を話題にするのは効果的です。日常的に使うフレーズですから、間違えないようにしたいものです。

1. ***Weather*** isn't very nice today.
2. ***The weather*** isn't very nice today.

１はどこの天気と特定せずに話している weather,　一方、２の the

Chapter 1

weather は話している者同士が認識している天気、つまりお互いがいる場所の天気のことを指します。

1. どこかで今日は天気が良くなさそうですね。(??)
2. 今日の天気はあまり良くないですね。

1はまず耳にはしないフレーズですが、ネイティブが無理矢理にでも解釈しようとすれば、このようなニュアンスに取れないこともありません。

* * *

比較してみていくと違いが明確となり、冠詞によるニュアンスの違いがわかりやすいと思います。

ネイティブは感覚的に冠詞を使い分けていますが、使い方をルール化して覚える方法もあります。おそらく多くの日本人の英語学習者が、文法書にある「冠詞のルール」を暗記して覚えたはずです。

ネイティブはルールを知って使い分けているわけではありませんが、ルールを読めばより一層、冠詞に関する知識が深まるのは言うまでもありません。

次章では、冠詞の使い方をルールとともに見ていきましょう。「こういう単語の場合、この冠詞を使うんだ！」という感覚をつかんでください。

man, people, person, human の使い分け

「人間、人」を表わす英語には、man の他に people, person, human などさまざまなものがあります。これらは状況によって使い分ける必要があるのですが、ネイティブでない人には区別がつきにくいものです。そしてまたこれらの使い方の違いに、冠詞は密接に関係しています。

▶ people

まず people には、「一般の人々」あるいは「あるグループの人々」という意味があります。このような意味で用いられる people は「1人ではなく複数の人々」という概念を持つため、peoples と複数形にしたり、a people と不定冠詞を付けたりはしません（ただし、「民族」という意味になる場合を除く）。

たとえば、people を使って「100 人もの人」と言いたい時は、

as many as 100 ***people***

と表現します。people に数字を付ければいいのです。

▶ person

「人」を表わす言葉として、ほかに person があります。people が本来「世間、一般の人々」や「大人数」を指す言葉であるのに対し、person は「個人」や「小人数の集まり」を指します。また person は、掲示文や公示などで好んで用いられる語でもあります。たとえば遊園地の乗り物などで「二人乗り」と言う場合、

for two ***persons***

と言います。ただし最近は、口語の場合や数詞と組み合わせて用いられる時は、「個人」や「少人数」を表わす場合でも people の方が好まれる傾向があります。

▶ man

「人」を表わす単語の中でもっとも身近な man はポピュラーな語で、「動物学分類上のヒト」という意味から「人類」「人間」に至るまで、幅広い意味で用いられます。

「男」という意味で用いる場合は a man と不定冠詞を付けたり、men と複数形にしたりしますが、「人類、人間」という意味の場合は無冠詞・単数形にし、語頭を大文字にして Man とすることもあります（「男というもの」という抽象的な意味の場合も無冠詞で表現します）。

Man shall not live by bread alone.（人はパンのみに生きるにあらず）

▶ human

human は、名詞としてよりも、形容詞として用いられることが多い語です。「人間」という意味の場合、一般には human being(s) の形で使い、「ヒト科のヒト」、あるいは動物と区別した「人間」を指します。

an actual **human being**（生身の人間）

※「明日は人と会うことになってる」のように、「ある人」「だれか」と限定せずに「人」を言う場合は、people や man ではなく someone を用いて表わします。

I have to see **someone** tomorrow.

このように、類義語を使いこなせるようになると、英語の幅は広がります。少しでも疑問に思うことがあれば、辞書やインターネットを使って調べるようにしましょう。

第2章

ルールで覚える冠詞の使い方

Chapter 2

不定冠詞 a / an のルール

a や an は不定冠詞と呼ばれ、**特別ではないもの、「いくつか同じものがあるうちの 1 つ」の前**に付きます（母音で始まる語の前は、a ではなく an となります）。

日本の参考書では、ただ単に「1 つの」の意味で a / an が使われると書かれていることが多いようですが、ネイティブは**「いくつか同じものがあるうちの 1 つ」**ととらえます。この感覚が、重要です。

ほかに a / an を付ける代表的なものをルール化すると、以下のようになります。

＜ルール 1 ＞
「…につき、…ごとに」の意味になる場合（= per）
例）　once a day（1 日に 1 度）
　　　three times a week（1 週間に 3 回）
　　　a hundred yen a dollar（1 ドルにつき 100 円）

＜ルール 2 ＞
総称的に「…というもの」「すべての…」という意味になる場合
例）　a dog（犬というもの）
　　　a lion（ライオンというもの）
　　▶ ***A dog*** is a faithful animal.（犬は忠実な動物です）

＜ルール 3 ＞
「少しはある」の意味になる場合（イディオムになることが多い）
例）　have an interest / a knowledge（興味／知識がある）

a few（2，3の）

a little（少し）

a number of（たくさんの）

from a distance（遠くから）

for a while（しばらくのあいだ）

＜ルール4＞

「同じ…」の意味になる場合（of a ... の形をとることが多い）

例）　of an age（同い年の）

of a mind（同じ心を持つ）

of a kind（同じ種類の）

▶ We're two **of a kind**.（私たちは似たもの同士だ←私たちは同じ種類の2人だ）

＜ルール5＞

様相を表わす場合

例）　a silent sea（静かな海）

a shining sun（輝く太陽）

a rolling stone（転がる石）

＜ルール6＞

「…家の人」「…という人」の意味になる場合

例）　an Obama（オバマ家の人）

a Mr. Jones（ジョーンズさんという方）

▶ She's **an Obama**.（彼女はオバマ家の人だ）

Chapter 2

<ルール7>
「…の作品・製品」の意味になる場合
例)　a Warhol（ウォーホルの作品）
　　　an Apple（アップルの製品）
　　　a Toyota（トヨタ製品）
　　　▶ Is this ***a Toyota***?（これはトヨタ車ですか？）

<ルール8>
「…のようなもの」の意味になる場合
例)　a Beethoven（ベートーベンのような人［偉大な音楽家］）
　　　a Lincoln（リンカーンのような人［「偉人」というニュアンス］）
　　　▶ Not every composer is ***a Beethoven***.（すべての作曲家がベートーベンのように優れているわけではない）

<ルール9>
専門職やある国の国民（…人）、宗教の信者を意味する場合
例)　a doctor（医者）
　　　an American（アメリカ人）
　　　a Christian（キリスト教信者）
　　　a Jewish（ユダヤ教信者）

<ルール10>
抽象名詞を普通の名詞として使う場合
例)　speech（話）→ a speech（演説）
　　　beauty（美）→ a beauty（美人）
　　　youth（青春時代）→ a youth（若者）
　　　※抽象名詞は無冠詞で使われることもよくある。

＜ルール 11＞

What で始まる感嘆文の場合

例）　What a lovely girl!（なんてかわいい女の子！）

＜ルール 12＞

慣用句で使われる場合

例）　as a matter of fact（実を言うと）
　　　as a matter of course（当然のこととして）
　　　as a result（結果として）　　　as a rule（概して）
　　　at a loss（途方に暮れて）　　　all of a sudden（突然）
　　　after a while（しばらくして）　in a sense（ある意味で）
　　　once in a while（ときどき）　　have a cold（風邪を引く）
　　　have a good time（楽しい時を過ごす）
　　　have an eye for ...（…を見る目がある）
　　　keep an eye on ...（…を見張る）　などなど…

a =「いくつか同じものがあるうちの1つ」

a cat

Chapter 2

🎩 定冠詞 the のルール

　the は定冠詞と呼ばれ、話の前後関係から限定されたものを指す場合に用いられます。この本の最初に**「改めて説明しなくてもわかりきっていることをまとめる」**ために、冠詞の the を用いると書いたように、ネイティブにとって the とは**「あの」**とか**「例の」**という感覚のものです。

　a book では「いくつか同じ本がある中の1冊の本」ですが、the book なら「例のこのあいだ話に出たあの本」というように、**限定されたもの**を指します。日本語でも「このあいだのあの本」と言う時、「あの本」と自然に「あの」を付けて話しますよね？　その感覚に近いでしょう。

　しかしそれ以外にも、慣例的に the を付けるものがあるために、日本人は冠詞をむずかしく感じるようです。ネイティブはそれをルールではなく、丸ごとフレーズで覚えているように思います。

　どちらの方法でもいいのですが、ルールを読むと「系統的なもの」が見えてくるでしょう。この「系統的なもの」を、ネイティブは感覚的に無意識のうちに身につけていますが、日常的に英語に接していないのであれば、ルールで覚えたほうが早いかもしれません。代表的なルールを挙げると、以下のようになります。

＜ルール13＞
川や海の名前
例）　　the Nile（ナイル川）
　　　　the Shinano（信濃川）
　　　　the Mississippi River（ミシシッピ川）
　　　　the Mediterranean（地中海）
　　　　the Atlantic Ocean（大西洋）

＜ルール14＞
砂漠、湾、半島、列島などの名前
例） the Sahara Desert（サハラ砂漠）
the Persian Gulf（ペルシア湾）
the Gulf of Mexico（メキシコ湾）
※基本的にgulfの場合にはtheが付くが、Tokyo Bay（東京湾）、Hudson Bay（ハドソン湾）など、...Bayとなる場合、無冠詞のことが多い。ただしbayの単語が最初に来る場合、theが付く。湾の名前は複雑なので要注意。
the Bay of Fundy（ファンディ湾）
the Bay of Bengal（ベンガル湾）
the Iberian Peninsula（イベリア半島）
the Arabian Peninsula（アラビア半島）
the Aleutians（アリューシャン列島）
the Hawaiian Islands（ハワイ諸島）
※一般的に、複数形となる列島や諸島の場合はtheを付ける。一方、個々の島の場合は、Easter Island（イースター島）のように、普通は無冠詞となる（ルール39参照）。

＜ルール15＞
集合的な名称の山（山脈）、森の名前
例） the Alps（アルプス山脈）
the Rockies（ロッキー山脈）
※一般的に、複数形となる山脈の場合はtheを付ける。一方、個々の山の場合、Mount Everest（エベレスト）のように、普通は無冠詞となる（ルール38参照）。
the Black Forest（黒い森［ドイツにある森の名称］）

Chapter 2

＜ルール 16＞
地理学的な名称や地球の極点
例）　the East（東部）　　　the Middle West（中西部）
　　　the Equator（赤道）　　the North Pole（北極）

＜ルール 17＞
季節を表わす名詞
例）　the spring term（春学期）
　　　the summer vacation（夏休み）

＜ルール 18＞
楽器名（play や like などの目的語として用いることが多い）
例）　play the piano / guitar（ピアノ／ギターを弾く）
　　　music for the violin（ヴァイオリンのための曲）

＜ルール 19＞
ビルや図書館、官公庁・公共施設名・大学名など
例）　the White House（ホワイトハウス）
　　　the Empire State Building（エンパイア・ステート・ビルディング）
　　　The Metropolitan Museum of Art（メトロポリタン美術館）
　　　The University of Tokyo（東京大学）
　　　※ university が最初に来る場合。大学名はルール 40 も参照。

＜ルール 20＞
新聞・雑誌名
例）　The New York Times（ニューヨークタイムズ）
　　　The Sun（ザ・サン）

the Chicago Tribune（シカゴ・トリビューン）

新聞や雑誌の発行会社や組織名の前に the が置かれる場合、それが大文字か小文字かは、ネイティブも悩むところ。実は the にするか The にするかは、その組織などが決めることなのです。

そのため、○I work for **The New York Times**.（私はニューヨークタイムズで働いている）や、○I work for **the Chicago Tribune**.（私はシカゴ・トリビューンで働いている）は OK ですが、×I work for **the New York Times**. や ×I work for **The Chicago Tribune**. は NG です。

会社名や組織名に the が付くかどうかは、会社のウェブサイトなどで確認するのが確実です。

＜ルール 21 ＞
集合体としての国を表わすような場合
例） the Philippines（フィリピン）
　　 the Netherlands（オランダ）
　　 the United States（アメリカ合衆国）

＜ルール 22 ＞
法律・原理・理論などの名称
例） the Pythagorean Theorem（ピタゴラスの定理）
　　 the Fahrenheit Scale（華氏目盛）
　　 the Law of Newton（ニュートンの法則）
　　 ※ただし以下のように、所有格が前に来る場合は例外となる。
　　 Newton's Laws of Motion（ニュートンの運動法則）
　　 Hooke's Law of Elasticity（フックの弾性の法則）

Chapter 2

<ルール23>

組織名

例)　the World Health Organization（世界保健機関）

　　　the British Broadcasting Corporation（＝ BBC；英国放送協会）

<ルール24>

「最上」「いちばん」「最後」を意味する形容詞に付けて（最上級も含む）

例)　the top（いちばん上の）

　　　the first（いちばんの、最初の）

　　　the prime（主要な）

　　　the ultimate（究極の）

　　　the final（最後の）

　　　the biggest（最大の）

<ルール25>

「唯一」「独占」を意味する形容詞に付けて

例)　the only one（唯一）

　　　the sole witness（唯一の目撃者）

　　　the exclusive use of members（会員専用）

　　　the single survivor（唯一の生存者）

<ルール26>

天候などを表わす名詞が主語となる場合

例)　The wind blows.（風が吹く）

　　　The sky is blue.（空は青い）

＜ルール 27＞

「…年代」「世紀」を表わす場合

例） in the 60s（60年代）

the 21st century（21世紀）

＜ルール 28＞

抽象的な意味の形容詞などに付けて

例） the unexpected（予期せぬ出来事）

the infinite（無限のもの）

the sublime（崇高）

＜ルール 29＞

強調的な意味で

例） the man（最高の男）

the King of Pop（ポップの王様）

「世の中にポップの王様と呼ばれる人はいろいろいるけれど、やっぱり king と言えば…」という長い説明を "the" でまとめちゃおう！

Chapter 2

＜ルール 30 ＞
形容詞に付けて「…な人びと」を意味する
例）　the old（老いた人びと）　　　the poor（貧しい人びと）
　　　the rich（裕福な人びと）　　　the wise（賢者）

＜ルール 31 ＞
唯一の存在を表わす名詞に付けて
例）　the Almighty（全能の神）
　　　the One and Only（神）

＜ルール 32 ＞
形容詞＋人名の前に
例）　the poet Byron（詩人バイロン）

＜ルール 33 ＞
体の一部、洋服の一部を指す場合（「つかむ」「引っ張る」といった直接何かを行なう動詞とともに用いる場合が多い）
例）　hit ... on the cheek（…のほおを叩く）
　　　hold ... by the sleeve（…のそでをつかむ）
　　　stare ... in the eyes（…の目をじっと見る）

＜ルール 34 ＞
慣用句で使われる場合
例）　in the morning（午前中）　　　in the warm（ひなたで）
　　　in the extreme（極端に）　　　at the wheel（運転して）
　　　be over the hump（峠を越す）　to the full（十分に）
　　　などなど…

無冠詞のルール

定冠詞 the も不定冠詞 a / an も付けない形で用いる形を無冠詞と呼びます。

＜ルール35＞
都市や街、州名、国名

例）　America（アメリカ）　　Canada（カナダ）
　　　Tokyo（東京）　　　　　New York（ニューヨーク）
　　　London（ロンドン）
　　　※ただし以下のような例外もある。
　　　The Hague（ハーグ；通称・説明的な都市名）
　　　the United States（アメリカ合衆国；ルール21参照）

＜ルール36＞
道路名

例）　Hollywood Blvd.（ハリウッド・ブルバード；Blvd. は Boulevard の略）
　　　Main St.（メインストリート；St. は Street の略）
　　　Lakeview Avenue（レイクビュー・アベニュー）
　　　※ただし以下のような例外もある。
　　　the Oxford Road（オックスフォード・ロード）

＜ルール37＞
湖や港の名前

例）　Lake Michigan（ミシガン湖）
　　　Lake Biwa（びわ湖）
　　　New York Harbor（ニューヨーク港）

Chapter 2

※ただし以下のような例外もある。
the Great Lakes（五大湖；湖を集合体で呼ぶ場合）

＜ルール 38＞

単体としての山の名前

例）　Mount Everest（エベレスト）
　　　Mount Kilimanjaro（キリマンジャロ）
　　　Mount McKinley（マッキンリー）
　　　※ただし以下のような例外もある。
　　　the Matterhorn（マッターホルン）
　　　※山脈の場合はルール 15 を参照。

＜ルール 39＞

大陸・島名

例）　Asia（アジア）　　　　　　Europe（ヨーロッパ）
　　　North America（北アメリカ）　Africa（アフリカ）
　　　Easter Island（イースター島）　Fiji Islands（フィジー諸島）
　　　※列島の場合はルール 14 を参照。

＜ルール 40＞

大学名

例）　Oxford University（オックスフォード大学）
　　　Yale University（イェール大学）
　　　Columbia University（コロンビア大学）
　　　※ただし以下のような例外もある。
　　　The University of Tokyo（東京大学；ルール 19 参照）

＜ルール41＞

教科名・スポーツの名前

例)　　mathematics（数学）　　history（歴史）
　　　tennis（テニス）　　soccer（サッカー）

＜ルール42＞

月・曜日・季節・休日などの名前

例)　　January（1月）　　Sunday（日曜日）
　　　summer（夏）　　Christmas（クリスマス）

＜ルール43＞

食事

例)　　breakfast（朝食）　　lunch（昼食）
　　　dinner（夕食）

※ただし以下のような例外もある。

a dinner（夕食会）のように特定の食事をいう場合。

＜ルール44＞

神や悪魔など

例)　　Devil（悪魔）　　God（神）
　　　Heaven（天）　　Hell（地獄）
　　　Lord（主）

＜ルール45＞

慣用句で使われる場合

例)　　after school（放課後）
　　　be at church（礼拝中）

Chapter 2

　　by air（飛行機で）

　　by e-mail（メールで）

　　go to bed（寝る）

　　go to school（通学する）

　　side by side（並んで）

　　body and soul（心身ともに）

　　from beginning to end（はじめから終わりまで）

などが代表的なものとして挙げられます。これ以外にも多数ありますし、例外も山ほどありますが、これらのルールに目を通すと、何となく「ああ、こういう時に不定冠詞／定冠詞／無冠詞になるんだ」というちょっとした発見があると思います。この発見が、大事なのです。小さな発見の積み重ねが、いつしか確固たる言語感覚となるのです。

　あわせて次で、可算名詞と不可算名詞の違いについても学びましょう。

Mount Fuji
「富士山」

頭に何もなくてスッキリ！

the

the Rockies
「ロッキー山脈」

たくさんの山の説明を the でまとめられる！

可算名詞と不可算名詞

　名詞は、一般的に可算名詞（数えられる名詞）と不可算名詞（数えられない名詞）に分けられるのは、学校の授業でも習いましたよね？

　可算名詞とは、概念的にいえば**「一定の形」**と**「境界」**があり、**数えられるもの**を指します。通常、可算名詞のみで用いることはなく、冠詞（a / an / the）や my など代名詞の所有格とともに用い、複数形があります。

＜可算名詞の特徴＞

・単数形には a / an の不定冠詞が付く（母音で始まる名詞の前には an が付く）

　例）　　a cat（ネコ）　　　　　　　　an egg（卵）

・単数／複数の区別がある

　例）　　a book / books（本）　　　　a foot / feet（足）

・数詞や many, few などの「数に関する形容詞」が付く

　例）　　two balls（2個のボール）
　　　　　a few pencils（2，3本の鉛筆）
　　　　　many problems（たくさんの問題）

　可算名詞で困るのが、「不規則な複数形」です。通常、「複数になる場合は、名詞に -s を付ける」と習いますが、例外として不規則に変化する名詞があります。日常的にあまり目にしないものも多いのですが、大まかに一覧表としてまとめました。

　この中の複数形を、あなたはいくつご存知ですか？　man → men はもちろんご存知でしょうが、half → halves などもぜひ覚えてください。

Chapter 2

単数形	複数形	意味
addendum	addenda	付録
alga	algae	藻
alumna	alumnae	女子卒業生・同窓生
alumnus	alumni	(男子)卒業生・同窓生
analysis	analyses	解析
antelope	antelopes, antelope	レイヨウ、アンテロープ
antenna	antennas, antennae	アンテナ、触角
apex	apexes, apices	頂点
appendix	appendixes, appendices	付録
aquarium	aquariums, aquaria	水族館
archipelago	archipelagos, archipelagoes	群島、多島海
Attorney General	Attorneys General, Attorney Generals	司法長官(米)
automaton	automatons, automata	自動装置、自動人形
axis	axes	軸
bacillus	bacilli	桿菌、細菌
bacterium	bacteria	バクテリア、細菌
banjo	banjoes, banjos	バンジョー
basis	bases	基礎、根拠
buffalo	buffalo, buffalos, buffaloes	バッファロー
bureau	bureaus, bureaux	(官省の)局、書き物机
cactus	cacti, cactuses	サボテン
calf	calves	子牛
cargo	cargoes, cargos	貨物、積荷

chamois	chamois, chamoix	シャモア、セーム皮
chassis	chassis	シャシー、車台
cherub	cherubs, cherubim	ケルビム、智天使
child	children	子供
codex	codices	写本
commando	commandos, commandoes	奇襲部隊、コマンド
concerto	concertos, concerti	コンチェルト、協奏曲
corpus	corpora, corpuses	コーパス、集成
court-martial	courts-martial, court-martials	軍法会議
crisis	crises	危機
criterion	criteria	標準、基準
datum	data	データ、資料
deer	deer	鹿
diagnosis	diagnoses	診断
dwarf	dwarfs, dwarves	ドワーフ、小人
elf	elves	エルフ、小妖精
faux pas	faux pas	過ち、過失
fish	fish, fishes	魚、魚類
flounder	flounder, flounders	カレイ
focus	focuses, foci	焦点
foot	feet	足
formula	formulas, formulae	決まり文句、方式
fungus	fungi, funguses	真菌類、菌類
ganglion	ganglia, ganglions	神経節、結節腫

Chapter 2

genesis	geneses	創世記、起源
genus	genera, genuses	(動植物分類の)属、種類
goose	geese	ガチョウ
half	halves	半分
halo	halos, haloes	後光、光輪
herring	herrings, herring	ニシン
hippopotamus	hippopotamuses, hippopotami	カバ
hoof	hoofs, hooves	ひづめ
hypothesis	hypotheses	仮説
index	indexes, indices	索引
isthmus	isthmuses, isthmi	地峡
kibbutz	kibbutzim	キブツ(イスラエルの集団農場)
knife	knives	ナイフ
lady-in-waiting	ladies-in-waiting	侍女、女官
larva	larvae	幼虫
leaf	leaves	葉
libretto	librettos, libretti	歌劇の歌詞・台本
life	lives	生命、人生
loaf	loaves	パンなどのひとかたまり
locus	loci	場所、位置
louse	lice	シラミ
man	men	男性、人間
manservant	menservants	下男
matrix	matrices, matrixes	母体、マトリックス

medium	mediums, media	伝達手段、媒体物
memorandum	memorandums, memoranda	メモ、覚書
money	monies, moneys	金、貨幣
moose	moose	ヘラジカ
moratorium	moratoria, moratoriums	モラトリアム
mosquito	mosquitoes, mosquitos	蚊
motto	mottoes, mottos	座右の銘、モットー
mouse	mice	ハツカネズミ、ネズミ
nebula	nebulae, nebulas	星雲
nemesis	nemeses	ネメシス、天罰
nucleus	nuclei, nucleuses	核心
oasis	oases	オアシス
octopus	octopuses, octopi	タコ、蛸
offspring	offspring	子孫
ovum	ova	卵、卵子
ox	oxen	雄牛
parenthesis	parentheses	丸括弧
passerby	passersby	通行人
patois	patois	方言
phenomenon	phenomena, phenomenons	現象
plateau	plateaus, plateaux	高原、台地
portmanteau	portmanteaus, portmanteaux	旅行かばん
potato	potatoes	じゃがいも
quiz	quizzes	クイズ

Chapter 2

radius	radii, radiuses	半径
reindeer	reindeer, reindeers	トナカイ
scarf	scarves, scarfs	スカーフ
-self	-selves	…自身（人称代名詞）
seraph	seraphs, seraphim	セラフ、熾天使
series	series	シリーズ
sheep	sheep	羊
shelf	shelves	棚
stand-by	stands-by	交代要員
stimulus	stimuli	刺激、激励
stratum	strata, stratums	地層、層
stylus	styli, styluses	鉄筆、レコード針
syllabus	syllabuses, syllabi	概要、シラバス
symposium	symposiums, symposia	シンポジウム、討論会
synopsis	synopses	梗概、一覧
tableau	tableaux, tableaus	絵画
tempo	tempos, tempi	速さ、テンポ
terminus	termini, terminuses	終点、ターミナル
thesis	theses	卒業論文、テーゼ
thief	thieves	泥棒
tobacco	tobaccos, tobaccoes	タバコ
tomato	tomatoes	トマト
tooth	teeth	歯
tornado	tornadoes, tornados	トルネード

trousseau	trousseaux, trousseaus	嫁入り道具
trout	trout, trouts	マス
ultimatum	ultimatums, ultimata	最後通牒
vertebra	vertebrae, vertebras	脊椎
virtuoso	virtuosos, virtuosi	名人、大家
volcano	volcanoes, volcanos	火山
vortex	vortexes, vortices	渦、渦巻き
wharf	wharves, wharfs	波止場
wife	wives	妻
wolf	wolves	オオカミ
woman	women	女性
zero	zeros, zeroes	ゼロ

「不規則」と言われるものの、calf → calves, leaf → leaves のようにルール化できるものも多数あります。

　ネイティブのように繰り返し目にし、口にすることで、**「この語尾の場合はこう変化する」というパターンを、感覚的に覚えてください。**

Chapter 2

＜不可算名詞の特徴＞

　一方、不可算名詞とは、概念的にいえば「**不定形で具体的な形を持たず**」、「**ほかとの境界がない**」ものをいい、**単体の個数では数えられない名詞**とされます。通常、不定冠詞を付けたり、複数形になることはありません。

・不定冠詞を付けない
例）　　beauty（美）　　　　　　furniture（家具）

・通常、複数形にならない。
例）　　water（水）　　　　　　　air（空気）

・直前に数詞を付けることはできないが、little, much などの量を表わす語は付けることができる。
例）　　little coffee（少量のコーヒー）
　　　　much rice（たくさんのお米）

※例外として、もともと -s の付く不可算名詞もある。
例）　　news（ニュース）　　　　mathematics（数学）

　名詞は性質的に見て、大まかに以下の5つに分けることができます。

＜可算名詞＞
・普通名詞（単体で存在するもの）
例）　　cat（ネコ）　　　　　　　dog（イヌ）
　　　　boy（少年）　　　　　　　girl（少女）

・集合名詞（複数のものが集まって1単位になったもの）
例） class（クラス）　　　　committee（委員会）
　　 company（会社）　　　 family（家族）

＜不可算名詞＞
・抽象名詞（抽象的な概念を表わすもの）
例） anger（怒り）　　　　 employment（雇用）
　　 scenery（景色）　　　 traffic（交通）

・物質名詞（分割して数えることができないもの）
例） butter（バター）　　　 gold（金）
　　 light（光）　　　　　　water（水）

・固有名詞（人名・地名・国名など）
例） David（デイビッド；人名）
　　 Japan（日本；国の名前）

　おそらくほとんどの人が苦手とするのが、不可算名詞でしょう。
　次のページで大まかなものをリスト化したので、これにざっと目を通してください。系統立ててイメージすると、不可算名詞となるものの傾向が理解できるはずです。

Chapter 2

＜種類別の代表的な不可算名詞＞

1. 不定形のもの

▼ 食品

bacon（ベーコン）, beef（牛肉）, bread（パン）, broccoli（ブロッコリ）, butter（バター）, cabbage（キャベツ）, candy（キャンディ）, cauliflower（カリフラワー）, celery（セロリ）, cereal（シリアル）, cheese（チーズ）, chicken（鶏肉）, chocolate（チョコレート）, corn（コーン）, cream（クリーム）, fish（魚）, flour（小麦粉）, fruit（果物）, ice cream（アイスクリーム）, lettuce（レタス）, meat（肉）, pasta（パスタ）, rice（お米）, salt（塩）, spinach（ほうれん草）, sugar（砂糖）

▼ 飲み物・液体

beer（ビール）, coffee（コーヒー）, milk（ミルク）, oil（油）, tea（お茶）, water（水）, wine（ワイン）, yogurt（ヨーグルト）

▼ 物質・気体

air（空気）, cement（セメント）, coal（石炭）, dirt（ほこり、ふん）, gasoline（ガソリン）, gold（金）, ice（氷）, leather（革）, paper（紙）, petroleum（石油）, plastic（プラスチック）, rain（雨）, rubber（ゴム）, silver（銀）, snow（雪）, soap（石鹸）, steel（鋼）, wood（材木）, wool（毛糸）

2. 抽象的で不定形のもの

advice（忠告）, anger（怒り）, beauty（美）, biology（生物学）, confidence（信頼）, courage（勇気）, employment（雇用）, fun（楽しさ）, happiness（幸福）, health（健康）, honesty（正直）, information（情報）, intelligence（知性）, knowledge（知識）, love（愛）, news（ニュース）, poetry（詩）, pollution（汚染）, poverty（貧困）, research（研究）, satisfaction（満足）, scenery（風景）, traffic（交通）, transportation（輸送）, truth（真実）, violence（暴力）, wealth（富）, weather（天気）

3. 1つひとつではなく全体としてイメージするもの

clothing（洋服）, equipment（備品）, furniture（家具）, homework（宿題）, jewelry（宝石）, luggage（荷物）, lumber（材木）, machinery（機械）, mail（郵便）, money（お金）, work（仕事）

このリストを眺めると、なんとなく不可算名詞のイメージがわきますよね？**「不定形で具体的な形を持たず」「ほかとの境界がない」**という先ほどの説明にも、なるほどとうなずいてもらえると思います。

……しかし、これで終われば話は簡単なのでしょうが、この区分けにもやはり「例外」が存在します。面倒なことに、**1つの名詞なのに「意味によって」可算名詞になったり、不可算名詞になったりするものがある**のです。その例外こそが、日本人が冠詞を理解する上での妨げとなるのです。たとえばschoolという単語は、不可算名詞と可算名詞、両方の使い方ができます。

・不可算名詞のschool（授業の意味）

　School begins at nine.（授業は9時に始まる）※無冠詞

・可算名詞のschool（学校の意味）

　There are seven ***schools*** in this city.（この市には7つの学校がある）
　※複数形

このように、**同じ名詞でも、不可算名詞と可算名詞では意味が異なり、それによって冠詞の有無も異なります**。この区別は、文脈から判断するしかありません。

schoolといえば、ほとんどの人が「学校」と思うでしょうが、「学校」の意味しか知らなければ、上の例文の冠詞の有無の理由を説明することはできません。「授業」の意味でとらえることでschoolは不可算名詞となり、冠詞なしでも用いることができるのです。

ほかにもこのような名詞はたくさんあります。しかし、それを1つひとつ暗記するのは大変です。おそらく、ネイティブ風に「こういう場合はこうなる」と感覚的に覚えたほうが楽でしょう。それには、ネイティブが日々の生活で身につけたように、**「英文に繰り返し触れて慣れる」**しかありません。

Chapter 2

可算名詞と不可算名詞の数え方

　可算名詞と不可算名詞に触れたついでに、数量の表わし方についてもまとめておきましょう。みなさんご存知のように、数えられる名詞と数えられない名詞では、ものの数え方も異なります。

　たとえば「多い」を表わす形容詞には many と much がありますが、「**数が多い**」なら **many**,「**量が多い**」なら **much** を使います。このように、いくつかの名詞によって形容詞も使い分ける必要が出てきます。

＜可算名詞の数量の表わし方＞

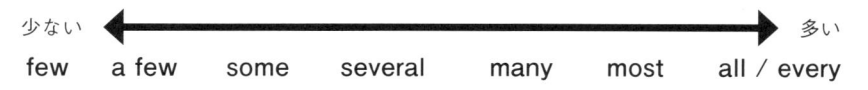

少ない ←――――――――――――――――――→ 多い
few　　a few　　some　　several　　many　　most　　all / every

＜不可算名詞の数量の表わし方＞

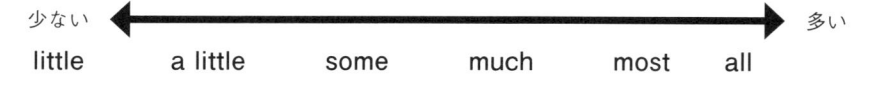

少ない ←――――――――――――――――――→ 多い
little　　a little　　some　　much　　most　　all

数量の程度	可算名詞	不可算名詞
ほとんどない	few students	little water
少しはある	a few students	a little water
いくらかある	some / several students	some water
多い	many students	much water
ほとんど、大部分の	most students	most water
すべて、どの…も	all students/ every student	all water

ここでもまた例外があり、a lot of や lots of は可算名詞にも不可算名詞にも用いることができます（a lot of students［大勢の生徒］／ a lot of water［大量の水］）。

　量を表わす不可算名詞の場合、「数え方の元となる単位」も重要です。
　そもそも不可算名詞は「数えられない」名詞だから「不可算」と呼ばれているのですが、それを数える方法があります。それこそが、「数え方の元となる単位」なのです。
　たとえば「コップ１杯の水」なら水の容れ物である cup が、「１枚の紙」なら「紙」という形状を表わす sheet あるいは piece が、「１パイントのビール」なら pint が、数量を数える元の単位となります。
　可算名詞の場合、単純に two students, three students と「数字＋複数形」で数を表わすことができます。しかし**不可算名詞の場合、「その数を何で量るか」が非常に大切**になるのです。
　日本語で人数を数えるなら「１人、２人」、棒を数えるなら「１本、２本」…と名詞により数の単位を変えるように、英語もまた不可算名詞の場合は「そのもの自体をどうイメージするか」が重要なのです。
　次のページに、不可算名詞の数え方の一覧を紹介します。本来、１個、２個という個体として扱われることのない**不可算名詞が、ビンやスプーンといった「容器」に入れたり、「形状的な特徴」を元にして「数えられるようになる」**ことがわかるはずです。

Chapter 2

数え方の単位	
a bar of iron	鉄の棒1本
a blob of jelly	ゼリーの小塊
a bottle of wine	1本のワイン
a bowl of rice	1膳のご飯
a box of tea	1箱のお茶
a bundle of wood	1束の薪
a cake of soap	石けん1個
a can of milk	1缶のミルク
a carton of cigarettes	1カートンのたばこ（10箱入り）
a clap of thunder	雷鳴
a cube of sugar	1個の角砂糖
a cup of coffee	1杯のコーヒー
an ear of corn	1本のトウモロコシ
a flash of lightning	閃く稲妻
a gallon of gasoline	1ガロンのガソリン（約3.8リットル）
a glass of water	コップ1杯の水
a gram of salt	1グラムの 塩
a helping of food	1杯の食べ物
an inch of rain	1インチの雨
a kilo of beef	1キロの牛肉
a liter of water	1リットルの水
a loaf of bread	1斤のパン

a lump of sugar	角砂糖1個
an ounce of debt	1オンスの借金
a packet of orange juice	1パックのオレンジジュース
a pane of glass	1枚のガラス
a piece of furniture	1点の家具
a pint of beer	1パイントのビール（約0.5リットル）
a plate of iron	1枚の鉄板
a pound of meat	1ポンドの肉（約450グラム）
a roll of paper	1本のフィルム
a sheet of paper	1枚の紙
a slice of ham	1切れのハム
a spoonful of cocoa	ひとさじのココア
a square meter of land	1平方メートルの土地
a stick of celery	セロリ1本
a strip of paper	短冊のような細長い1枚の紙
a tablet of chocolate	板チョコ1枚
a tube of tooth paste	1本の歯磨き粉

　2章では、言葉の文法的な側面に焦点をあてて、数多くの名詞を紹介しました。「この名詞にはこういうルールがある」ということを軽く頭に入れたら、あとは実践あるのみ！

　次章から実際にさまざまな英文に触れ、冠詞の持つニュアンスを理解していきましょう。

Column 2

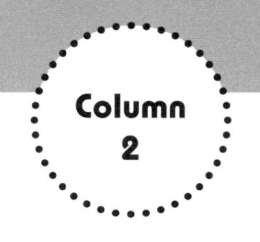

奥が深い英語の数え方

　名詞に冠詞を付けるのすら大変なのに、その上、数えられる名詞と数えられない名詞で、数え方まで違うなんて…と思う人は多いでしょうが、家は「1軒」、たんすは「1棹」、いすは「1脚」などのような日本語の数の数え方には、私たち外国人も日々悩まされています。私にしてみれば、英語の数のルールなんて「かわいいもの」です。

　30年近く日本で英語を教えてきた私が気づいた、日本人が苦手とする冠詞の使い方を紹介しましょう。

▶ software
「昨日ソフトを2本買った」を英語にすると？

× I bought **two softwares**.
○ I bought **two pieces of software**.

※ softwareと言うと、CDなどに入ったデータを想像するため可算名詞と思われがちですが、実は不可算名詞です。softwareの正しい定義は、「システム運用のためのプログラム作成や、その利用技術の総称」ですから、1つひとつ数える単体ではなく、「数えられないモノ」となります。そのため、softwaresという複数形はないのです。

　それでも不可算名詞を数えたい時には、前章で紹介したpiece of...のような単位をつけて数えます。ですからここでは、two pieces of softwareとなるのです。piece of...は「1片、1個、1枚、1区画」などと訳すことができる

使用範囲の広い言葉で、家具のような物にも使えます。

▶ advice
「彼女は私に良いアドバイスをくれた」を英語にすると？

× She gave me ***a good advice***.
○ She gave me ***good advice***.

※「１つの忠告」と言うなら、a piece [bit / word] of advice, もしくは some advice とするといいでしょう。

▶ luggage
「手荷物が３つあります」を英語にすると？

× I have three ***luggages***.
○ I have ***three pieces of luggage***.

※ luggage / baggage ともに不可算名詞です。

▶ information
「彼は情報をたくさん持っている」を英語にすると？

× She has ***a lot of informations***.
○ She has ***a lot of information***.

※「１つの情報」と言うなら、a piece [bit] of information, もしくは some information とするといいでしょう。

I have a piece of baggage.

I have two pieces of luggage.

第 3 章

冠詞の違いによる
ニュアンスの違いを実感する！

Chapter 3

例文で覚える冠詞の感覚

この章では、さまざまな冠詞が付いた例文を紹介します。a / an / the / なし（無冠詞）/ 複数形など、冠詞による意味の違いをつかみましょう。

まずは①**自分なりに訳し**、それから②**ネイティブの解釈の仕方を見て、正しい「冠詞感覚」を身につけましょう。**

多くの英文に接することで、なにか**「感覚的に見えてくるもの」**があるはずです。ぜひとも、その感覚をつかんでください。ほとんどのネイティブは、直感的に冠詞を使い分けているのですから。

例文の中には、英語として不自然な文もあります。その場合、日本語解釈の文末に付いている「?」の数が多いほど不自然な文です。

まずは例題として、dog で冠詞による意味の違いを見ていきましょう。次の英文を、冠詞のニュアンスを出しながら訳してみてください。

▶ dog

1. Mary has ***a dog***.
2. Mary has ***the dog***.
3. Mary has ***dog***.
4. Mary has ***dog food***.

ネイティブの解釈はこうなります。

1. メアリーは犬を飼っている。
※一般的な犬を指す。

2. メアリーは犬のほうを持っている。
※猫ではなくて犬だよ、と特定している。

3. メアリーは犬肉を持っている。(??)
※「肉」を表わす場合、無冠詞にして表わすものがあり（chicken や pigeon など）、それと同じ用法と受け取られるため。

4. メアリーは犬のえさを持っている。

それぞれの例文を、細かく見ていきましょう。
普通に「メアリーは犬を飼っている」と言いたい時は、

◎　Mary has **a dog**.

と言います。ただし、この言い方ではちょっと冷たいニュアンスになることも覚えておいてください。「犬」は世の中にたくさんいるものなので、単にMary has a dog. と言うと、その中の「どうでもいい１匹」を飼っている、という印象を与えてしまうこともあるからです。

もし自分もその犬に愛情を持っていて、そこから会話を広げたいと思っているなら、

◎　Mary has **a cute little dog**.
　　（メアリーはかわいい小型犬を飼ってるよ）

というふうに、何かしら形容詞を付ければOKです。形容詞を付けた場合にも、a を使う点に注意しましょう。cute little dog はほかにもたくさんいるから、a が必要になるのです。

相手がその犬のことを知っている場合に、

Chapter 3

Mary has ***the dog***.

と言うと、「メアリーがその犬を持っている」ではなく、「メアリーが自分の飼っている犬を連れている」という意味になります。

では、無冠詞にするとどうなるでしょう？

Mary has ***dog***.

とすると、「メアリーは犬肉を持っている」という意味になります（！）。

実はこれ、有名な「無冠詞の誤解」例文で、高校の入試問題にも出題された問題です（ちなみに問題作成者は、やはりと言うべきでしょうか、日本人ではなくネイティブの教師でした）。

なぜこれが「犬肉」になるかというと、一般的に食肉とされるものは、beef（牛肉）, pork（豚肉）など、「食用の名前」が動物としての名前とは別にあります。しかしそうではないもの、つまり食用の名前を持たない chicken（鶏）や pigeon（鳩）などに関しては、「肉」を表わす場合、無冠詞にするからです。

もう1つ別の解釈もできます。無冠詞にすることで、dog が「形容詞」的に使われていて、あとに名詞が続く（dog ... の形になる）ように取られるかもしれません。つまり、まだ話が途中であるかのような印象を与えるのです。

どういうことかというと、「メアリーは犬の……を持っている」と誤解されるおそれがあり、「ん、犬のなに？」と相手は話の続きを待つかもしれません。

それが次の例です。

Mary has ***dog food***.（メアリーはドッグフードを持っている）

このように dog のあとに「数えられない名詞」が続く場合、無冠詞で言うことになるため、「dog のあとになにか続くかもしれない」と期待させてしまうのです。

ちなみに動物のえさは、ペットである犬や猫の場合、dog food, cat food のように言いますが、家畜の場合は cow food, chicken food ではなく、

cow feed, chicken feed のように feed を使います。

　ていねいに解説していくと、このようになります。簡単な単語の dog ですら、冠詞の違いや有無でこれだけさまざまなニュアンスに変わるのです。

▶ hospital

1. I work in ***a hospital***.
2. I work in ***the hospital***.
3. I work in ***hospital***.
4. I work in ***hospital clothes***.

　ネイティブの解釈はこうなります。

1. 私は病院で働く。
2. 私は例のこの近くの病院のほうで働く。(??)
3. 私は病院の……で働く。(???)
4. 病院の服を着て働く。

　2の文は、the hospital としていることから、「ホラ、この近くのあの例の病院のことよ」などと、話をしている者同士が病院のことをわかっていることが想定されます。2の場合、たとえば

I work in ***the hospital*** and my sister works in ***the factory***.
（私は病院のほうで働き、妹は工場のほうで働く）

という文で使うと考えたほうが自然です。

　イギリス英語では I work in hospital. は自然ですが、アメリカ人の耳には不自然に聞こえます。「彼女は入院している」は、イギリス英語では She's in

Chapter 3

hospital. アメリカ英語では She's in the hospital. となります。

▶ Queen

1. I talked to **the Queen**.
2. I talked to **a queen**.
3. I talked to **Queen**.

ネイティブの解釈はこうなります。

1. （自分の国の）女王と話をした。
2. たくさんいる女王のうちの1人と話をした。／たくさんいる女装愛好家の男性のうちの1人と話をした。(??)
3. 「Queenさん」と話した。(???)

イギリス以外の国の女王も、もちろん the Queen と呼びますが、ネイティブに the Queen と言えばまず間違いなくイギリスの女王 Queen Elizabeth のことを思い浮べるでしょう。the には「愛する」「偉大な」という意味合いがあり、人を褒める場合の敬称としても用いられます。そのため、

I talked to **the Queen**.

と言えば、その人は女王を尊敬しているのだということが伝わります。一方、

I talked to **Queen Elizabeth**.

だと、特に「嫌い」ではないものの、尊敬しているようには聞こえません。

また、2のように I talked to a queen. とすると、ドラァグクイーン（drag queen）のような男性の女装同性愛者と思われる可能性もあります。

▶ tiger

1. ***A tiger*** is a dangerous animal.
2. ***The tiger*** is a dangerous animal.
3. ***Tigers*** are dangerous animals.

　　ネイティブの解釈はこうなります。

1. トラというものはたくさんの危ない動物の中の1つだ。(?)
2. トラなるものは危険な動物だ。(?)
3. トラは危険な動物だ。

冠詞の例文として、よく取り上げられる文です。

　1は、a / an を付けて総称的に「…というもの」「すべての…」という意味になる例。ネイティブが1の文を見ると、トラを見たことがない人が遠くから言っているように感じる（図鑑を見ながら言っているような感じ）、教科書にのっているような英語です。

　2は、その種類に属するもの全体を指して「…なるもの」「…というもの」という意味になる the の総称用法。2のように the tiger と言うと「偉大なるトラ」と言っているように感じます。親が子供に「トラという偉大な動物は危ないんだ」と教えているように聞こえます。

　一方3は、ただ単に「トラは危ない」と言っている、もっとも自然に感じられる会話文です。「自然な英語」という観点から言えば3ですが、それぞれ「状況が異なれば使えなくもない」のが、英語の恐いところです。

Chapter 3

　では次々に例文を読んでいきます。前章のルールを見返しながら、冠詞によるニュアンスの違いを感覚でとらえられるようにしましょう。

▶ paper

1. Where's ***the paper***?
2. Where's ***a paper***?
3. Where's ***paper***?
4. Where's ***a piece of paper***?
5. Where's ***some paper***?

　　ネイティブの解釈はこうなります。

1. いつも読んでいる新聞はどこ？
2. なんでもいいから新聞はどこにある？　(?)
　　※特定の新聞ではなく、「なんでもいい新聞」になります。
3. 「紙さん」はどこですか？／「紙の（？）」はどこですか？(???)
4. １枚の紙はどこですか？
5. 何枚かの紙はどこ？

▶ car

1. ***The car*** over there is mine.
2. ***A car*** over there is mine.
3. ***Car*** over there is mine.

ネイティブの解釈はこうなります。

1. あそこにある車は私のものです。
2. あそこにあるたくさんの車の1台が私のです。(??)
3. あそこの「カーさん」は私のものです。(???)

▶ **doctor**

1. Bill Smith is *a doctor*.
2. Bill Smith is *the doctor*.
3. Bill Smith is *doctor*.
4. He's *Doctor* Bill Smith.
5. Bill Smith is *my doctor*.

ネイティブの解釈はこうなります。

1. ビル・スミスは医者です。
2. ビル・スミスが医者のほうです（私ではない）。
3. ビル・スミスは「？先生」です。 (???)
4. 彼はビル・スミス先生です。
5. ビル・スミスは私の医者です。

▶ **Japanese**

1. My translator is *a Japanese*.
2. My translator is *Japanese*.
3. My translator is *the Japanese*.

Chapter 3

✍ ネイティブの解釈はこうなります。

1. 私の通訳は日本人です。
2. 私の通訳は日本人です。／私の通訳者は日本的です。
   ※ My translator is really Japanese. なら、「私の通訳はとても日本的です」の意味にしかならない。
3. 私の通訳はその日本人のほうです。

▶ Buddhist

1. George is *a Buddhist*.
2. George is *the Buddhist*.
3. George is *Buddhist*.

✍ ネイティブの解釈はこうなります。

1. ジョージは仏教徒です。
2. ジョージはその仏教徒のほうです。
3. ジョージは仏教徒です。／ジョージは仏教的です。

▶ book

1. I bought *a book*. *The book* was about rain forests.
2. I bought *the book*. *A book* was about rain forests.
3. I bought *book*. *Book* was about rain forests.

✍ ネイティブの解釈はこうなります。

1. 本を買った。その本は熱帯雨林についての本だった。
2. 私はその本のほうを買った。ある1冊の本は熱帯雨林についてだった。(???)
3. 私は「本さん」を買った。「本さん」は熱帯雨林についてだった。(???)

▶ apple

1. Alice ate **an apple**. **The apple** was spoiled.
2. Alice ate **the apple**. **An apple** was spoiled.
3. Alice ate **apple**. **Apple** was spoiled.

✍️ ネイティブの解釈はこうなります。

1. アリスはリンゴを食べた。そのリンゴは腐っていた。
2. アリスはそのリンゴのほうを食べた。ある1個のリンゴは腐っていた。(???)
3. アリスは「リンゴさん」を食べた。「リンゴさん」は甘えん坊だった。(???)

▶ Mount Fuji

1. Taro lives near **Mount Fuji**.
2. Taro lives near **a Mount Fuji**.
3. Taro lives near **the Mount Fuji.**
4. Taro lives near **the Mount Fuji National Park**.

Chapter 3

✎ ネイティブの解釈はこうなります。

1. 太郎は富士山の近くに住んでいる。
2. 太郎はたくさんある富士山のうちの 1 つの近くに住んでいる。(???)
3. 太郎は「あの（スゴい）富士山」の近くに住んでいる。(?)
   ※ the Mount Fuji だと「偉大な、ものすごい」の意味の the に取られる可能性がある。
4. 太郎は富士山の国立公園の近くに住んでいる。

▶ **northern Japan**

1. My family lives in ***northern Japan***.
2. My family lives in ***a northern Japan***.
3. My family lives in ***the northern Japan***.
4. My family lives in ***the northern part Japan***.

✎ ネイティブの解釈はこうなります。

1. 私の家族は北日本に住んでいる。
2. 私の家族はたくさんある北日本のうちの 1 つに住んでいる。(???)
3. 私の家族は「北日本の（?）」に住んでいる。(???)
4. 私の家族は日本の北部に住んでいる。

▶ **Pacific Ocean**

1. I've never seen ***the Pacific Ocean***.
2. I've never seen ***a Pacific Ocean***.

3. I've never seen **Pacific Ocean**.
4. I've never seen **Pacific Ocean seaweed**.

✎ ネイティブの解釈はこうなります。

1. 私は太平洋を見たことがない。
2. 私はたくさんある太平洋のうちの1つを見たことがない。(???)
3. 私は「太平洋さん」を見たことがない。／私は「太平洋の（？）」を見たことがない。(???)
4. 私は太平洋の海苔を見たことがない。

▶ **Sea of Japan**

1. Midori lives near **the Sea of Japan**.
2. Midori lives near **a Sea of Japan**.
3. Midori lives near **Sea of Japan**.

✎ ネイティブの解釈はこうなります。

1. ミドリは日本海の近くに住んでいる。
2. ミドリはたくさんある日本海のうちの1つの近くに住んでいる。(???)
3. ミドリは「日本海市（？）」の近くに住んでいる。(???)

▶ **coffee**

1. **Coffee** is a popular drink.
2. **A coffee** is a popular drink.

Chapter 3

3. ***The coffee*** is a popular drink.
4. ***This coffee*** is popular.

✏️ ネイティブの解釈はこうなります。

1. コーヒーは人気のある飲み物です。
2. たくさんある中、ある１杯のコーヒーは人気のある飲み物です。(???)
3. そのコーヒーのほうは人気のある飲み物です。(?)
4. このコーヒーは人気のある飲み物です。(?) 　(※ただし、状況によっては自然な表現になる➡105ページ)

▶ **Japanese**

1. ***Japanese*** is my native language.
2. ***A Japanese*** is my native language.
3. ***The Japanese*** is my native language.

✏️ ネイティブの解釈はこうなります。

1. 日本語は私の母国語です。
2. ある日本人は私の母国語です。(???)
3. 日本国民は私の母国語です。(???)

※ the Japanese language も「日本語」の意味になる。

▶ **honesty**

1. ***Honesty*** is important in business.
2. ***An honesty*** is important in business.

3. ***The honesty*** is important in business.

✎ ネイティブの解釈はこうなります。

1. 誠実さはビジネスにおいて重要です。
2. honesty というモノはビジネスにおいて重要です。(???)
3. その誠実なほうはビジネスにおいて重要です。(???)

▶ water

1. ***The water*** in this city is safe to drink.
2. ***A water*** in this city is safe to drink.
3. ***Water*** in this city is safe to drink.

✎ ネイティブの解釈はこうなります。

1. この町の水は飲んでも安全です。
   ※句や節で限定される場合、不可算名詞にも the を付けます。
2. この町のある1杯の水は飲んでも安全です。(???)
3. この町にたまたま入ってくる水は飲んでも安全です。(?)

▶ decision

1. ***The decision*** she made was correct.
2. ***A decision*** she made was correct.
3. ***Decision*** she made was correct.

Chapter 3

✍ ネイティブの解釈はこうなります。

1. 彼女が下した判断は正しかった。
2. 彼女が下したある 1 つの判断は正しかった。(??)
3. 彼女が作った decision というモノは正しかった。(???)

▶ Metropolitan Museum of Art

1. Let's go to *the Metropolitan Museum of Art*.
2. Let's go to *a Metropolitan Museum of Art*.
3. Let's go to *Metropolitan Museum of Art*.

✍ ネイティブの解釈はこうなります。

1. (誰でも知っているあの) メトロポリタン美術館に行きましょう。
2. たくさんあるメトロポリタン美術館のうちのどこでもいい 1 つに行きましょう。(??)
3. (あなたが知らないかもしれない)「メトロポリタン美術館 (?)」という所に行きましょう。(???)

▶ sun

1. Don't look at *the sun*.
2. Don't look at *a sun*.
3. Don't look at *sun*.

✍ ネイティブの解釈はこうなります。

1. 太陽を見ないで。
   ※「天体」としての「太陽」を指す場合は、the Sun と s を大文字で表記することもある。
2. たくさんの中の1つの太陽を見ないで。(???)
3. 「サンさん」を見ないで。(???)

▶ first question

1. I asked *the first question*.
2. I asked *a first question*.
3. I asked *first question*.
4. I asked John.

ネイティブの解釈はこうなります。

1. 私は最初の質問をしました。
2. 私は最初の質問の1つをしました。(???)
3. 私は「ファーストクエスチョンさん」に聞いた。(???)
4. 私はジョンに聞いた。

▶ Mexico

1. My uncle lives in *Mexico*.
2. My uncle lives in *a Mexico*.
3. My uncle lives in *a Mexican village*.
4. My uncle lives in *the Mexico*.
5. My uncle lives in *the Mexican city of Juarez*.

Chapter 3

✍ ネイティブの解釈はこうなります。

1. 私の叔父はメキシコに住んでいる。
2. 私の叔父はたくさんのメキシコの中の1つに住んでいる。(???)
3. 私の叔父はメキシコのある村に住んでいる。
4. 私の叔父は「メキシコの（？）」に住んでいる。(???)
5. 私の叔父はメキシコのワーレズという町に住んでいる。

▶ New York

1. I want to live in **New York**.
2. I want to live in **a New York**.
3. I want to live in **a New York suburb**.
4. I want to live in **the New York**.
5. I want to live in **the New York area**.

✍ ネイティブの解釈はこうなります。

1. 私はニューヨークに住みたい。
2. 私はたくさんあるニューヨークの1つに住みたい (??)
3. 私は（たくさんある）ニューヨークの郊外（のどこか1箇所）に住みたい。
4. 私は「ニューヨークの（？）」に住みたい。(??)
5. 私はニューヨーク地区に住みたいです。

▶ breakfast

1. We had ***breakfast*** at 8:00 this morning.
2. We had ***the breakfast*** at 8:00 this morning.
3. We had ***a breakfast*** at 8:00 this morning.

✍ ネイティブの解釈はこうなります。

1. 私たちは今朝8時に朝食を食べた。
2. 私たちは今朝8時に特別な朝食を食べた。
3. 私たちは今朝8時に特別な朝食を食べた。(??)

▶ taxi

1. Hiroshi goes to work by ***taxi***.
2. Hiroshi goes to work by ***a taxi.***
3. Hiroshi goes to work by ***the taxi***.
4. Hiroshi goes to work by ***the taxi*** over there.

✍ ネイティブの解釈はこうなります。

1. ヒロシはタクシーで会社に通う。
2. ヒロシはある1台のタクシーの近くへ仕事をしに行く。(???)
3. ヒロシはタクシーの近くへ仕事をしに行く。(??)
4. ヒロシはむこうにあるタクシーの近くへ仕事をしに行く。

Chapter 3

▶ school

1. Bill is at *school* now.
2. Bill is at *the school* now.
3. Bill is at *a school* now.

📝 ネイティブの解釈はこうなります。

1. ビルは学校で勉強している(生徒として)。
2. ビルは学校にいる(仕事などのため)。
3. ビルは近所にいくつかある学校のどれかにいる(ビルはそこの生徒ではない)。(?)

▶ home

1. She's at *home* today.
2. She's at *a home* today.
3. She lives at *home*.
4. She lives in *a home*.
5. We put her in *a home*.

📝 ネイティブの解釈はこうなります。

1. 彼女は今日、家にいる。
2. 彼女は今日、老人ホームにいる。
3. 彼女は家族と一緒に住んでいる。
4. 彼女は老人ホームに住んでいる。

5. 私たちは彼女を老人ホームに入れた。
   ※ a home は、ネイティブによっては a home for the aged（老人ホーム）の省略ととらえる人もいます。

▶ **short hair**

1. She wants **short hair**.
2. She wants **a short hair**.
3. She wants **the short hair**.
4. She wants **short hairs**.

　ネイティブの解釈はこうなります。

1. 彼女はショートヘアにしたがっている。
2. 彼女は１本の短い髪の毛がほしい。(???)
3. 彼女は短いほうの髪の毛にしたい。(?)
4. 彼女は（たくさん髪の毛があるうちの）短い髪の毛がほしい。(???)

▶ **sugar**

1. *Sugar* isn't very good for you.
2. *The sugar* isn't very good for you.
3. *A sugar* isn't very good for you.
4. *Sugars* aren't very good for you.

　ネイティブの解釈はこうなります。

Chapter 3

1. 砂糖というものはあまり健康によくない。
2. 砂糖のほうはあまり健康によくない。(?)
3. たくさんある砂糖の種類のうち、どうでもいいある1つのものはあまり健康によくない。(???)
4. 糖類はあまり健康によくない。(?)

ここまで読み進めると、「何となく」冠詞の感覚がつかめたのではないでしょうか？ **冠詞のニュアンスを覚えるには、「冠詞と名詞をセットで覚える」「フレーズを丸ごと覚える」のを慣習とする**のが第一歩です。

ネイティブも、ルールではなく「冠詞と名詞のセット」で覚えています。the が付く単語を一覧で暗記するのではなく、「ナイル川」を知ったら the Nile と the を付けて覚え、「コンピュータ・サイエンス」を知ったら computer science と無冠詞で覚える――子供が少しずつ言葉を覚えるように、ある程度、地道に努力するしかありません。

繰り返しになりますが、**「習うより慣れろ」です。シャワーのようにさまざまな英語を聞いてあらゆる言葉に触れ、1つずつ冠詞とセットで名詞を覚えましょう**。そうやってボキャブラリーを増やしていくのが、いちばんネイティブに近い「自然な覚え方」です。この本で、集中的に「冠詞のシャワー」を浴びてください。

次章から、実践テストの始まりです。

第 4 章

冠詞の英訳

Chapter 4

意図する冠詞を使えるようにしよう

　前章では、英文を読むことで冠詞のニュアンスをとらえてきました。この章では、英文を作ることで冠詞を「どう使うべきか」を学んでいきましょう。
　前章に出てきた日本語訳問題の応用編もありますから、ここで知識を確実なものにしていってください。まずは基本中の基本問題から。

Q1
「ショッピングモールで何か買った？」と聞かれ、「本を1冊買ったよ」と言いたい時、a / an / the / ×（無冠詞）のどれを使いますか？

　I bought _____ book.

　これは「1つの」という日本語にあたる冠詞を入れます。答えはもちろん、a です。つまり、

　◎　I bought ***a book***.（私は本を買った）

となります。
　ここで注意が必要なのは、a を使うと「単にたくさんある中の1つ（one of many...）」という意味合いになるので、この場合「今の話題では、特に本の内容は重要ではない」というニュアンスになります。そのためネイティブであれば、相手も本に関してそれ以上あまり突っ込んでこない……という展開が予想されます。
　もし本のことを話題にしたいのであれば、なんらかの形容詞を前に置くこ

とが期待されます。つまり a book（どれでもいい 1 冊の本）ではなく、…book（……の本）という「ちょっとした説明を付ける」のです。たとえば

◎ I bought ***an interesting book***.（おもしろい本、買ったんだ）

と言えば、相手も「どんな本？」と聞き返し、本の内容についての話が続くはずです。

> **Q2**
> 「その本は、熱帯雨林についてだった」と言いたい時は、a / an / the / ×（無冠詞）のどれを使いますか？
>
> _____ book was about rain forests.

ここはもちろん、the が正解となります。

◎ ***The book*** was about rain forests.
（その本は熱帯雨林についての本だった）

一度述べたものについて再び触れる時は、the を使って「その……」と言うことは、冠詞の基本です。

学校でも、a / an は「1 つの、ある」、the は「その」と習ったはずです。もちろん、その考え方は「間違い」ではありません。しかしある意味、ここから日本人の冠詞の間違いが始まった……と言っても過言ではないのです。

冠詞について、次のように考えれば「ネイティブの冠詞に対する感覚」が

Chapter 4

つかめるでしょう。

- **a / an** は「いくつかあるものの中の１つ」
- **the** は「説明すると長いものを総括する」

　the sun のように、the は「世界で唯一のものに付く」とよく言われますが、それは最初の章で説明したように、**「長文を避けるために使われる」**と考えるといいでしょう。その感覚なら、the のあらゆるケースが説明できます。
　ここでは、ネイティブが日常会話でどんな感覚で冠詞を使っているのか、間違った言い方をするとどのような「イメージ」になるのか、さまざまな英文をもとに見ていきましょう。

Q3
　他校の友達といるところに偶然、自分の学校の先生が通りかかりました。「彼、うちの学校の先生なんだ」と言いたい時、a / an / the / ×（無冠詞）のどれを使いますか？

　　He's _____ teacher at our school.

　この場合 a を使って、

◎　He's ***a teacher*** at our school.
　　（彼はうちの学校の先生だ）

と言うと、「彼はうちの学校の、何人かいる先生のうちの１人の先生」という意味になります。一般的に考えると、こちらが正解となります。これを、

△ He's ***the teacher*** at our school.

とすると、「彼はうちの学校のただ1人の先生」というニュアンスになります。実際に「たった1人しか先生がいない」というケースなら、このフレーズを使います。ただし、「ただ1人の先生だ」と明白に述べたい時は、

◎ He's ***the one and only teacher*** at our school.
　（彼はうちの学校のただ1人の先生だ）

のように言うほうがいいでしょう。

Q4
　駐車場に車が1台だけあり、それが自分の車だと説明しようと思います。「あそこにある車は私の車」と言う時、a / an / the / ×（無冠詞）のどれを使いますか？

　_____ car over there is mine.

なにか特定のものを指し示して、相手に伝える場合の言い方です。
　この場合、「あそこにある車」が1台で、明確にそれが相手にわかる場合は、たとえ会話の中で「はじめて言及する事柄」であったとしても、aではなくthe を使います。

◎ ***The car*** over there is mine.（あそこにある車は私のです）

この文で冠詞をaにすると、

Chapter 4

◎ ***A car*** over there is mine.

「あそこにあるたくさんの車のうち、1台は私の車」となり、「たくさんの中の1つ」という意味合いになります。

とはいえ a には、「どれでもいい、たくさんある中の1つ」というニュアンスがあります。そのため「私の車」を話の中心として言う場合に A car ... と言うと、不自然な文章になってしまいます。このような場合、

◎ ***One of the cars*** over there is mine.
　　（あそこにある車の中の1台が私の車です）

◎ ***My car***'s over there.（私の車は、あそこにあります）

などと言うのが、会話としては自然です。

Q5

　飛行機で隣り合わせになった人と話していて、「私はデパートで働いてます」と言う時、a / an / the / ×（無冠詞）のどれを使いますか？

I work in _____ department store.

　この場合、話している相手は「私が働いているデパート」について、まだ何の知識も持っていません。そのような状況の場合、相手にとって「デパート」というものはいくつもあるもので、その「いくつもあるデパートの中の1つのデパート」という考え方になります。ですから a を使って、

◎ I work in ***a department store***.（私はデパートで働いています）

と言います。もちろん、あるデパートについて話をしたあとなら、「その話をしたデパート」は1つしかないものなので、the を使って、

◎ I work in ***the department store***.（私、そのデパートで働いています）

となります。この文をネイティブが聞くと、「私は『この近くの（相手にも言えば想像できる）／デパートと言えばそこしかない』そのデパートで働いています」ととらえるでしょう。

しかし、なんの脈絡もなく I work in ***the department store***. と言うと、デパートというものが世界に1つしかなく、「みんなが知ってるあの『（唯一の）デパート』で働いている」という意味になってしまうのです。

Q6
「卒業旅行はどこへ行ったの？」と聞かれ、「アメリカに行ったよ」と言いたい時は、a / an / the / ×（無冠詞）のどれを使いますか？

I went to _____ United States.

国名のような固有名詞は、通常無冠詞です。しかし、the United States のように、州が集まってできた国名などの場合は the を付けます。ですから、

◎ I went to ***the United States***.（アメリカに行ったよ）

Chapter 4

が正解。ルールでも紹介しましたし、これは簡単ですよね？　ちなみに、United States は「複数形」なので、もちろん a や an は付きません。

　the United States の場合、この名称ができたのは「連合していない州」と比較して、**「連合しているほうの州」**と特定の州を指して the United States **と呼んだ**ことが始まりだったため、the を付けることになりました。現在そんな命名のいきさつを意識して the を付けている人はいませんが、豆知識として覚えておけばいざという時のネタにもなります。

　ちなみにアメリカは、the United States（正式には the United States of America）のほか、America という呼称もあります。日本人には、元々こちらのほうがおなじみだと思います。America は本来、all the countries in North America and South America の略語で、カナダや南アメリカ諸国全体をも含んだ名称です。America の中に the United States もある、という認識ですが、一般的に現在 America と言えば、まず間違いなく米国のみのことを指します。

　この America と the United States of America という呼び名の違いは、その用法にあると考えられます。

　the United States of America は、契約やスピーチなどフォーマルな場合に使う呼称のため、会話で

△　I live in **the United States of America**.

と言うと、ネイティブには「アメリカに住んでるんだぞ、すごいだろう」と、米国に住んでいることに関して誇りを持っている印象を与えます。

　一方、the US という略称はカジュアルな言い方で、思い入れの有無に関係なく短縮する場合の呼び名です。ですから、

◎　I live in **the US**.

と言う場合、米国に住んでいることに誇りを持っているかどうかはわかりません。

同様に、the Netherlands（オランダ）も、the を付けます。

the Netherlands の場合、「nether（下の）lands（地域）」、つまり「上のほう」ではなく「下の地域のほう」というニュアンスから、the を付けることになったようです。

オランダの場合、the Netherlands が正式名称で、Holland は「俗称」です。アメリカ人はどちらも使いますが、どちらかと言うと the Netherlands という呼称のほうが一般的でしょう。

Q6

旅行の話をしていて、「富士山の近くのホテルに泊まったんだ」と言いたい時、a / an / the / ×（無冠詞）のどれを使いますか？

We stayed at a hotel near _____ Mount Fuji.

「山」などの固有名詞の問題です。44 ページに、エベレストの例があったのを覚えていますか？ あれの応用問題ですが、わかったでしょうか？

「山」の場合、普通は無冠詞で表わします。つまり、

◎　We stayed at a hotel near ***Mount Fuji***.
　　（私たちは富士山の近くのホテルに泊まった）

と言うのが自然です。もし a を付けて、

Chapter 4

△ We stayed at a hotel near ***a Mount Fuji***.

とすると、「富士山」という山がたくさんあって、その中の1つを指すことになるので、「たくさんある富士山のうちの1つの近くに泊まった」という意味になってしまいます。日本人からすれば意外なことかもしれませんが、Mount Fuji という山を知らないネイティブなら、実際そう解釈しても不思議ではありません。日本人は富士山のことを知っているから判断できるだけであって、これも「不自然ながらありうる英語」なのです。

また the を付けて、

△ We stayed at a hotel near ***the Mount Fuji***.

とすると、「偉大な」「ものすごい」というニュアンスが強くなり、「あの富士山の近くのホテルに泊まった」という意味になります（ちなみに、この場合は発音も「ジ・マウント・フジ」と、the を「ジ」と発音します。強調の the の場合、ネイティブは母音の前でなくても「ジ」と発音することが多いので、発音の仕方で「どの意味の the か」を判断することもできます）。

基本的に国名、州名、山や湖の名前の場合、無冠詞にします（2章のルールを何度も見返してくださいね！）。これは、**ほかのものと区別する必要も、複数単数などを考慮する必要もないから**です。

しかし、同じ山でも「山脈」となると the を付けます。たとえば「ロッキー山脈」は the Rocky Mountains,「ウラル山脈」は the Ural Mountains, そして「飛騨山脈」は the Hida Mountains と呼びます。

Q8

海の話をしていて、「私、大西洋を見たことないなぁ」と言いたい時は、a / an / the / ×（無冠詞）のどれを使いますか？

I've never seen _____ Atlantic Ocean.

前の問題で「山」や「湖」の場合、普通は無冠詞で表わすことを学びました。では「海」の場合はどうでしょう？　これも036ページの応用問題です。「海」は同じ「水」であっても「湖」より範囲がとても広く、また境界がはっきりしていません。こう説明すると長くなりますよね？　このような場合には、the を付けるのです。

「海や川の場合、境界がはっきりしないので the を付ける」、「広大だから the を付ける」、「the Pacific, the Indian のほうではなく、Atlantic のほうの Ocean だと区別するために the を付ける」などさまざまな説がありますが、**「長いものをまとめるために the を付ける」**ならあらゆる説に適応できるのでおススメです。そのためここでは、

◎　I've never seen ***the Atlantic Ocean***.
　（私は大西洋を見たことがない）

が正解です。

△　I've never seen ***an Atlantic Ocean***.

だと、「私はたくさんある大西洋の１つも見たことがない」という意味になり

Chapter 4

ます。また、

△ I've never seen **Atlantic Ocean**.

とすると Atlantic Ocean は名前（冠詞のない固有名詞）のように聞こえ、「私は Atlantic Ocean さんに会ったことがないんだ」となってしまいます。

　せっかくですから、ここで三大洋の名を覚えましょう。**the Pacific Ocean（太平洋）/ the Atlantic Ocean（大西洋）/ the Indian Ocean（インド洋）**というように、すべて the が付きます。

　海に the が付くのは覚えやすいでしょうが、095 〜 096 ページで取り上げたように、山（無冠詞）と山脈（the が付く）など、似ているのに異なる場合もあります。常日頃から**「冠詞と名詞をセットで覚える」**を心がけましょう。

Q9

「世界のどの都市に住んでみたいか」という話題で、「僕はニューヨークに住んでみたい」と言いたい時、a / an / the / ×（無冠詞）のどれを使いますか？

I want to live in ＿＿＿＿ New York.

　都市の名前は、普通は無冠詞で表わします。国名などが無冠詞なのと同じです。ですからここは、

◎ I want to live in **New York**.（私はニューヨークに住みたい）

が正解です。a を付けて、

△ I want to live in ***a New York***.

とすると、「私はたくさんあるニューヨークの中の1つに住みたい」という意味になってしまいます。あるいは「たくさんの中の『新しいほうの York（ヨーク）』に住みたい」と聞こえてしまう可能性もあります。「そんなのありえない！」と思うかもしれませんが、New York という都市を知らない人ならありえる話です。

では、「ニューヨークの郊外に住みたい」と言いたい時は、どう言えばいいでしょうか？

◎ I want to live in ***a New York suburb***.

と言います。本来「ニューヨークの郊外」は、「世界に1箇所」ではなく、広く何箇所もの地域を指すものです。「そのたくさんある郊外のうちの1つ」を表わすために、a を使わなくてはいけないのです。

また、「ニューヨーク地区に住みたい」と言いたいならば、

◎ I want to live in ***the New York area***.

となります。この場合、たとえば Chicago の area のほうではなく New York のほうの area という区別をしているため、その長い説明をまとめて the を付けることになります。

Chapter 4

> **Q10**
> 「朝ごはん、何時に食べた？」と聞かれ、「8時に食べたよ」と言いたい時、a / an / the / ×（無冠詞）のどれを使いますか？
>
> **I had _____ breakfast at 8:00.**

食事を表わす名詞（breakfast, lunch, dinner など）は、基本的には無冠詞にします。ですから、

◎　I had ***breakfast*** at 8:00.（8時に朝食を食べた）

が正解です。

食事を表わす言葉の場合、慣用的に冠詞を付けないのが一般的です。

しかし例外的に a を付けることもあります。スピーチ付きの食事会のようになにか特別な食事の場合、「特別なニュアンス」を持たせるために **a special breakfast**（朝食会）/ **a special lunch**（昼食会）/ **a special dinner**（夕食会）というように、a を付けることがあります。たとえば、

◎　We had ***a dinner*** for the new company president.
　　（新社長のためにディナーの場をもうけた）

という文は、

◎　We had ***a party*** for the new company president.
　　（新社長のためにディナーパーティをもうけた）

と同様のニュアンスを持ち、「特別なディナー」であることを表わすために、a dinner とするのです。
　朝食の場合も、「どんな朝食を食べたか」を具体的に表わす場合は、a や an を付けます。

- ◎　We had ***a light breakfast*** at 8:00 this morning.
　　（今朝は８時に軽い朝食を食べた）

ただしこう言う場合、そのあとの会話の展開として、その朝食については触れないことが予想されます。朝食について話を展開させたい場合は the を使い、

- ◎　***The breakfast*** we had at 8:00 this morning was light.
　　（私たちが朝８時に食べた朝食は軽いものだった）

と言います。なにかを限定する長い説明には the を付ける、ということです。しかし、

- △　We had ***the breakfast*** Dad made at 8:00 this morning.
　　（今朝はパパが作った朝食を８時に食べた）

という文は、やや不自然に響きます。ネイティブなら普通は We had the breakfast Dad... なんてめんどうなことを言わず、もっと端的に

- ◎　Dad made us breakfast at 8:00.
　　（パパが８時に朝食を作ってくれた）

Chapter 4

のように言うでしょう。

Dad made us breakfast at 8:00. のあとには How long did it take him to make it?（お父さん、朝食作るのにどれくらい時間がかかった？）といったように、その breakfast を中心に展開されることが予想されます。

Q11
「私、ときどきタクシーで職場に行くことがあるの」と言いたい時、a / an / the / ×（無冠詞）のどれを使いますか？

I sometimes go to work by _____ taxi.

交通手段を表わす場合、普通は無冠詞にします。これは、ある特定のタクシーやバス、電車というわけではなく、「手段」を表わしているからです。

◎　I sometimes go to work by ***taxi***.
　　（私、ときどきタクシーで職場に行くことがあるの）

とするのが正解です。

ただし、逆に特定のタクシーなどを指したい時には、冠詞が必要になります。たとえば「会社が手配してくれたタクシーで職場へ行った」と言いたい時は、

◎　I went to work by ***a taxi*** sent by his company.

のように a を付けます。「会社が手配するタクシー」は、ほかにもあると考えられるからです。ですから「彼が呼んでくれたタクシーで会社へ行った」と

言いたい時には、

◎ I went to work by ***the taxi*** he called.

のように the となります。ただしこれは、「彼が呼んだ」と限定するだけでなく、「（他の人が呼んだタクシーのほうではなく）彼が呼んだほうのタクシー」と、比較のニュアンスをにおわせている可能性もあることを覚えておきましょう。

Q12

「叔父は歯科医です」と言いたい時、a / an / the / ×（無冠詞）のどれを使いますか？

My uncle is _____ dentist.

職業を表わす時は、どのように表現すればいいでしょう？

職業は普通「その職についている人の中の１人」ということなので、a や an を付けて表わします。ですから、

◎ My uncle is ***a dentist.***（叔父は歯科医です）

とするのが正解。034 ページの doctor のルールの応用です。

ただし、「叔父は私が信頼している歯科医です」のように、限定する言葉を付けると、

◎ My uncle is ***the dentist*** (whom) I trust.

Chapter 4

のように、the を付けることになります（whom は、会話ではほとんどの場合、省かれます）。

　ちなみに 2012 年にノーベル賞を受賞した山中伸弥さんを紹介するのに、「彼は山中伸弥博士です」と言うなら、

◎　He's **Doctor** Shinya Yamanaka.

のように無冠詞になります。これは Mister（Mr.）などと同じ、人の名前の前に付ける敬称だからです。また、主治医として紹介するなら、

◎　Shinya Yamanaka is **my doctor**.（山中伸弥は私の主治医です）

のような言い方もできます。

Q13
　緑茶を知らないネイティブに、「緑茶は日本ではポピュラーな飲み物なんです」と言いたい時、a / an / the / ×（無冠詞）のどれを使いますか？

　_____ green tea is a popular drink in Japan.

不可算名詞を一般的な意味で使う場合、無冠詞にします。ですから、

◎　***Green tea*** is a popular drink in Japan.

が正解です。056 ページのリストにも挙げたように、coffee、tea、milk など

も不可算名詞なので、同じ扱いです。ただし、なにか限定する言葉を付ける場合には the を付けます。
「あなたが注文したコーヒー、人気があるのよ」と言いたい時は、

◎ ***The coffee*** you ordered is popular.

となります。これは「ほかのコーヒーじゃなく、あなたが注文したコーヒーは」と限定しているためです。
　ただし例外的な使い方で、a cup of coffee を略して a coffee と言うこともあります。

○ I need ***a coffee***.（コーヒーを飲みたいな）

　缶コーヒーのように、何か容器に入ったものを指す場合も a coffee と言うことがありますので、覚えておきましょう。
「a＋飲み物」の言い方はほかの名詞でも可能で、a beer / a soda / a milk / a water... のように表わすことができます。さらに this などを付けて、

◎ ***This coffee*** is popular.（このコーヒー、人気があるのよ）

と言うこともできます。このあたりは、フレーズを丸ごと感覚的に覚えるといいでしょう。

Chapter 4

> **Q14**
> アメリカのどこに行きたいかをたずねられ、「ホワイトハウスに行ってみたい」と言う時、a / an / the / ×（無冠詞）のどれを使いますか？
>
> **I want to go to _____ White House.**

アメリカの大統領府を指す「ホワイトハウス」の場合、どうなるでしょう？

この場合、「ある特定のもの」という部類に入り、the を付けることになります。

実は the White House は、もともとは比較的な「（ほかの色の家ではなく）白い家のほう」という意味合いでしたが、今では比較を念頭に置いて話すネイティブはいないでしょう。

◎ I want to go to ***the White House***.
 （ホワイトハウスに行きたいな）

が正解です。これが

△ I want to go to ***a white house***.

だと、「どこでもいいから白い家に行きたい」という意味になってしまいます。また無冠詞で

△ I want to go to ***White House***.

とすると「固有名詞」になり、たとえば「ホワイトハウス市（？）に行ってみたい」

という意味に誤解される恐れがあります。

Q15
　共通の知人がどこの国の人かとたずねられ、「彼は日本人です」と言う時、a / an / the / ×（無冠詞）のどれを使いますか？

　He's _____ Japanese.

基本的な問題のようですが、注意が必要です。正解はもちろん、

◎　He's ***Japanese***.（彼は日本人だ）

というように国籍を表わす場合は無冠詞で Japanese と言います（この場合の Japanese は名詞ではなく形容詞です）が、

△　He's ***a Japanese***.

と言うと、「彼はあの日本人だ」というニュアンスになります。
　a Japanese と不定冠詞を付けて言うのは、「自分は日本人じゃない」「自分はそこに含まれない」と強調したいような時です。差別とまではいかないかもしれませんが、それに近い表現に聞こえます。
　定冠詞 the を付けて、

△　He's ***the Japanese***.

Chapter 4

とすると、「彼は日本人のほうだ」となります。たとえば、

A: Which one of you is[are] Japanese? Are you Japanese?
（あなたたちのどちらが日本人？　あなた？）

などと聞かれて、

B: No, he's the Japanese.（いや。彼が日本人だ）

という状況なら、He's the Japanese. も自然な英語になります。

　通常の参考書やフレーズ集には、「もっとも自然な英語」しかのっていませんが、冠詞の違いで「こういう意味にも取られる可能性がある」ことを理解してください。

第 5 章

中級編
ビジネス例文に挑戦！

I'll have coffee!

Chapter 5

　これまでは「いかにも」冠詞の使い方を覚えさせるような例文ばかりを紹介してきましたが、実際にみなさんが困るのは、「実生活で使う名詞をどう使い分けるか」です。

　そこでこの章では、実際にビジネスで遭遇するような例文を選びました。冠詞による違いがどれだけの意味の差を生むかに注目してください。

🎩 あなたの冠詞感覚をチェック！

　実践的な英訳／和訳に挑戦しましょう。

①まずは、日本語を英訳してください。

②次に、冠詞の異なる英文を、それぞれ「冠詞による意味の違い」が出るように和訳してください。複数・単数の例文も混ぜてあります。

　冠詞のみが異なる文章の英訳と和訳を繰り返すことで、「ネイティブの冠詞感覚」がつかめるようになるはずです。

【マークの読み方】
- ◎　もっとも一般的かつ自然に聞こえる英語
- ○　本来意図した意味とは異なる、少し違和感のある英語
- △　意図した意味とは異なる、不自然な英語

　本来、英語はどのような冠詞を使っても、不自然さはあるものの「それなりの意味で通じる」ため、この章ではあえて◎, ○, △で「英語としての自然さ」を表わしています。

　あなたの英訳がすべて◎なら、ネイティブの冠詞感覚が身についていることになります。さあ、挑戦してみましょう！

> Q1　間違い電話です。

◎　You have **the wrong number**.
　　間違い電話（番号）です。

△　You have **wrong numbers**.
　　なにかの間違えた数字を持っています。(???)

△　You have **wrong number**.
　　Wrong Number と申します。(???)
　　※「You have ＋無冠詞の名詞」は、Hello, you have ABC Corporation.（こんにちは、ABC 社です）のような「挨拶」でよく使われます。

○　You have **some wrong numbers**.
　　あなたがいくつか間違えた番号を持っている。

> Q2　お電話です。

◎　You're wanted on **the phone**.
　　お電話です。

○　You're wanted on **the phones**.
　　早く（電話応対の）仕事に戻りなさい。

Chapter 5

△ You're wanted on ***phone***.
Phone さんがお呼びです。(???)

Q3 昨日その女の人から電話があった。

◎ ***The lady*** called me yesterday.
昨日その女の人から電話があった。

○ ***A lady*** called me yesterday.
昨日ある女性から電話があった。
※英語としては自然だが、問題文と意味が異なる。この後、She told me that... など具体的に説明すると考えられる。

△ ***Lady*** called me yesterday.
昨日 Lady さんから電話があった。(???)

○ ***Some lady*** called me last week.
昨日、変な女の人から電話があった。
※英語としては自然だが、問題文と意味が異なる。単数の人に対して some を使うと、「変な」というニュアンスになることがある。

Q4 あいにく田中は外出しております。

◎ Unfortunately, Mr. Tanaka is out of **the office**.
あいにく田中は外出しております。

○ Unfortunately, Mr. Tanaka is out of **office**.
あいにく田中は選挙で負けた。
※ out of office で「在野の（選挙に負けた、追い出された）」という意味になる。

○ Unfortunately, Mr. Tanaka is out of **an office**.
あいにく田中はこれでオフィスをなくしたことになる（仕事を失ったことになる）。
※ out of an office で「事務所を失う」「仕事をなくす」という意味になる。

Q5　グリーンさんがお待ちです。

◎ **Mr. Green** is here.
（いつもの）グリーンさんがお待ちです。

○ **The Mr. Green** is here.
あの偉いグリーン様がお待ちです。

○ **A Mr. Green** is here.
グリーンさんという人がお待ちです。
※「自分は面識がないが、そのような名前を名乗っている人物」というニュアンスになる。

Chapter 5

> Q6　ちょっと時間がある。

◎　I have ***a little time***.
　　ちょっと時間がある。

○　I have ***little time***.
　　時間はあまりない。
　　※英語としては自然だが、問題文とはニュアンスが異なる。

△　I have ***the little time***.
　　小さいほうの Time を持っている。(???)

△　I have ***some little time***.
　　いくつかの小さい Time を持っている。(???)

> Q7　とても面白い時間を過ごした。

◎　I had ***a most interesting time***.
　　とても面白い時間を過ごした。

◎　I had ***the most interesting time.***
　　最高に面白い時間を過ごした。

△ I had **most interesting time**.

　most interesting time というものを持っていた。(???)

Q8　楽しかった。

◎ I had **a good time**.

　楽しかった。

○ I had **good time**.

　良いタイム（スピード）を記録した。
　※英語としては自然だが、問題文とは意味が異なる。

△ I had **the good time**.

　楽しかったほうの時間を持った。(???)

△ I had **some good time**.

　some good time を持っていた。(???)

Q9　彼は風邪をひいているんだ。

◎ He has **a cold**.

　彼は風邪をひいているんだ。

Chapter 5

○ He has ***the cold***.
風邪をひいているのは彼のほうだ（私ではない）。

△ He has ***cold***.
彼は cold を持っている。(???)

△ He has ***some cold***.
彼はかなりの風邪をひいている。(???)

※ some を強調の意味で取るとこうなるが、やや不自然に聞こえる。ネイティブが強調するなら、He has a bad / terrible cold. と言う。

Q10　窓を開けてくれる？

◎ Could you open ***the window***?
（だれが見てもわかる、あの）窓を開けてくれる？

◎ Could you open ***a window***?
いくつかの窓があるけど、その１つを開けてくれる？

◎ Could you open ***some windows***?
たくさん窓があるけど、いくつか開けてくれる？

△ Could you open ***windows***?
窓を開ける仕事をするのは可能ですか？(???)

> Q11　ほとんどの店が被害を受けた。

◎ ***Most of the stores*** were damaged.
ほとんどの店が被害を受けた。

◎ ***Most stores*** were damaged.
ほとんどの店が被害を受けた。
※ Most of the stores の場合、ある限定された店（話者同士がお互いに知っている店）を指すが、Most stores の場合、the がないので特に限定しない店を意味する。

○ ***Most of the store*** was damaged.
店のほとんどが被害を受けた。
※問題文の日本語とは意味が異なるが、英語としては自然な表現となる。

○ ***Most of a store*** was damaged.
ある（自分に関係のない）店の多くが被害を受けた。

> Q12　この仕事は後回しにしましょう。

◎ Let's leave ***this work*** for later.
この仕事は後回しにしましょう。

Chapter 5

- ○ Let's leave *the work* for later.
  仕事のほうは後回しにして遊びましょう。
  ※英語としては自然だが、問題文と意味が異なる。

- ○ Let's leave *work* for later.
  仕事なんかあとにしましょう、今は遊びましょう。
  ※英語としては自然だが、問題文と意味が異なる。

- ○ Let's leave *the works* for later.
  その美術品はあとにしましょう。

- ○ Let's leave *works* for later.
  美術品なんかあとにしましょう。

Q13　彼女はバスで行った。

- ◎ She went *by bus*.
  彼女はバスで行った。

- ○ She went *by a bus*.
  彼女は（いくつかバスがあるうちの）１台のバスの近くを通った。

- ○ She went *by the bus*.
  彼女はいつものバスの近くを通った。

- She went **by buses**.
  彼女はたくさんバスがあるうちの何台かの近くを通った。

Q14　彼はマイナス思考だ。

◎　He's **a negative thinker**.
彼はマイナス思考だ（世の中にはマイナス思考の人が多いが、彼はその中の1人だ）。

○　He's **the negative thinker**.
（私ではなく）彼のほうがマイナス思考だ。

△　He's **Negative Thinker**.
彼の名前は Negative Thinker だ。(???)

Q15　家賃はいくらですか？

◎　What's **the rent**?
家賃はいくらですか？

△　What's **rent**?
「rent」とは何でしょうか？ (???)

5章　中級編　ビジネス例文に挑戦！

Chapter 5

△ What's *a rent*?
「rent」とはどういうものですか？(???)

◯ What are *rents*?
（経済の話などで）地代とは何か？

> **Q16** 違いは何でしょうか？

◎ What's *the difference*?
違いは何でしょうか？／違っていてもいいじゃないか。
※「違いは何だ？」が転じて、「違いはどうでもいいじゃないか」という意味合いになることもあるので、注意。

△ What's *difference*?
「difference」とは何でしょうか？(???)

△ What's *a difference*?
「difference」とはどういうものですか？(???)

△ What are *differences*?
違いとは何？(???)

◎ What are *the differences*?
違いは何ですか？

> Q17　展示会の案内状を顧客に郵送した。

◎　I mailed **trade-show leaflets** to our clients.
　　展示会の案内状を顧客全員に郵送するという仕事をした。

○　I mailed **the trade-show leaflets** to our clients.
　　その展示会の案内状を顧客全員に郵送した。

○　I mailed **the trade-show leaflet** to our clients.
　　その展示会の案内状を顧客全員にメールした。

△　I mailed **trade-show leaflets** to our client.
　　展示会の案内状を、弊社唯一の顧客に郵送した。(???)

> Q18　円高は、景気が悪い理由の1つだ。

◎　**The strong yen** is a negative factor.
　　今の円高は景気が悪い理由の1つだ。

○　**A strong yen** is a negative factor.
　　円高は景気が悪いさまざまな理由のうちの1つだ。

○　**The strong yen** is the negative factor.
　　たくさんの要因の中で円高だけが悪い、ほかは違う。

Chapter 5

> Q19　値段を交渉し直さなければいけない。

◎　I have to renegotiate **the price**.
その値段を交渉し直さなければいけない。

○　I have to renegotiate **a price**.
1つを残してすべて交渉が成立したが、その残る1つは値段を交渉し直さなければいけないということだ。

○　I have to renegotiate **prices**.
私の仕事は値段を交渉し直すことだ。

> Q20　彼は私の頭越しに、社長に企画案を持っていった。

◎　He took **a proposal** to the president over my head.
彼は私を越えて、社長にある企画案（私が知らない新しい企画案）を持っていった。

○　He took **the proposal** to the president over my head.
彼は私を越えて、社長にその企画案を持っていった。

○　He took **new proposals** to the president over my head.
彼は私を越えて、社長に複数の新しい企画案を持っていった。

△ He took **a proposal** to **a president** over my head.
彼は私を越えて、我が社のたくさんいる社長のうちの１人にある企画案を持っていった。(???)

Q21 銀行からの融資を当てにしていたのに、ダメでした。

◎ I planned on getting **a loan** from the bank, but they said no.
銀行からの融資を当てにしていたのに、ダメでした。

○ I planned on getting **the loan** from the bank, but they said no.
銀行からの融資を当てにしていたがダメだったので、違うところから借りた。

○ I planned on getting **loans** from the bank, but they said no.
銀行から複数の融資を当てにしていたのに、ダメでした。

Q22 新商品のプレゼンは、案外うまくいった。

◎ **The presentation for the new product** went unexpectedly well.
このまえ話をした、その新商品のプレゼンは、案外うまくいった。

Chapter 5

○ ***A presentation for the new product*** went unexpectedly well.
このまえ話をした新商品のプレゼンの1つは、案外うまくいった。

◎ ***The presentation for new products*** went unexpectedly well.
このまえ話をした、いろいろな新商品のプレゼンは、案外うまくいった。

◎ ***The presentations for new products*** went unexpectedly well.
このまえ話をした、いろいろな新商品のプレゼンは、全部が案外うまくいった。

○ ***Presentations for new products*** went unexpectedly well.
いろいろな新商品の複数のプレゼンは案外うまくいったが、ダメなものもあった。

△ ***A presentation for a new product*** went unexpectedly well.
世界のどこかの新商品の、世界のどこかのプレゼンの1つは案外うまくいった。(???)

Q23　今年に入って経済の需要は足踏み状態だ。

◎ ***Demand*** has been sluggish from the start of the year.
今年に入って経済の需要は足踏み状態だ。
※ from the start of the year = from the start of this year

○ **The demand** has been sluggish from the start of the year.
今年に入ってその商品の需要のほうは足踏み状態だ。

△ **A demand** has been sluggish from the start of the year.
たくさんいるディマンドという動物（？）のうちの１頭が、今年に入ってだるい。(???)

Q24　うちの会社の重役は頭でっかちばかりだ。

◎ **The directors** in my company are all talk.
うちの会社の重役は頭でっかちばかりだ。

○ **Directors** in my company are all talk.
うちの会社では重役になるとみんな頭でっかちになる。

○ **A director** in my company is all talk.
うちの会社の複数の重役たちの中では、１人が頭でっかちだ。

Q25　その商品の価格に関し、彼が歩み寄りの姿勢を見せてきた。

◎ He seems willing to compromise on **the price**.
その商品の価格に関し、彼が歩み寄りの姿勢を見せてきた。

Chapter 5

- He seems willing to compromise on ***price***.
  価格に関しては、彼は歩み寄りの姿勢を見せてきた（ほかは見せていない）。
  ※英語としては自然だが、問題文とはやや意味が異なる。

- He seems willing to compromise on ***a price***.
  この商品のお互いが同意できる価格に関し、彼は歩み寄りの姿勢を見せてきた。
  ※ on a price = on a price we can both agree on という意味合いになる。

ビジネスでの会話や文書でいかにも使いそうで、なおかつ間違えそうな例文を並べましたが、いかがでしたか？　4章までのわかりやすい冠詞の例文とは違い、より日常的な単語のほうがニュアンス的にむずかしいかもしれません。繰り返し読むことで、ネイティブの冠詞感覚を少しずつ養っていってください。

次は仕上げ問題に挑戦してみましょう。

第6章

冠詞の仕上げ問題に挑戦！

What's _____ difference?

a　an　the

Which article do you need?

Chapter 6

🎓 短文問題

この章まで読んだ読者のみなさんなら、「ネイティブ流・冠詞感覚」の基礎はできたはずです。仕上げ問題として、実際の英文に挑戦しましょう！
中学1年生で習うようなフレーズからビジネスフレーズまで、さまざまな例文を用意しました。ひっかけ問題もありますから、注意してください。

【問題】 次の英文の空所に、a / an / the / ×（無冠詞）のいずれかをあてはめてください。※文頭になる場合も小文字になっています。

1. Rome was not built in _____ day.（ローマは1日にして成らず）
2. I slept during _____ day.（私は昼間寝た）
3. I'm watching _____ TV.（テレビ放送を見ている）
4. I'm listening to _____ radio.（ラジオ放送を聞いている）
5. He gave me _____ flu.（彼は私にインフルエンザをうつした）
6. He gave me _____ cold.（彼は私に風邪をうつした）
7. She likes to play _____ piano.（彼女はピアノを弾くのが好きだ）
8. He likes to play _____ basketball.（彼はバスケットをするのが好きだ）
9. Luck is only _____ small part of success.
   （幸運は成功の一部にすぎない）
10. He's at _____ home today.（彼は今日家にいる）
11. What's _____ difference?（違いは何でしょうか？）

【正解】答え合わせをして間違えたら、もう一度よくルールを見直しましょう。

1. Rome was not built in **a day**.
2. I slept during **the day**.
3. I'm watching **TV**.
4. I'm listening to **the radio**.
5. He gave me **the flu**.
6. He gave me **a cold**.
7. She likes to play **the piano**.
8. He likes to play **basketball**.
9. Luck is only **a small part of success**.
10. He's at **home** today.
11. What's **the difference**?

Chapter 6

12. I always go skiing in _____ winter.
 （冬はいつもスキーに行きます）

13. We had _____ chicken for dinner.（夕食にチキンを食べた）

14. I talked to _____ Queen.（イギリスの女王と話をした）

15. She wants _____ short hair.（彼女はショートヘアにしたい）

16. I like to get up early in _____ morning.（朝早く起きるのが好きだ）

17. We went to school by _____ bus.（バスで学校へ行った）

18. She kissed him on _____ cheek.（彼女は彼のほおにキスをした）

19. He's not very good at _____ history.（彼は歴史があまり得意ではない）

20. I don't have _____ car.（私は車を持っていない）

21. She's _____ person for the job.（彼女はその仕事にぴったりな人だ）

22. _____ music can change your life.（音楽というものは人生を変えられる）

23. I met my friend on _____ way.（途中で友人に会った）

24. I want to live in _____ country.（田舎に住みたい）

25. He gave me _____ look.（彼は私に目でなにか合図をした）

26. How can we help _____ poor?
 （どのようにして貧しい人々を助けられるだろうか？）

27. Michael Jackson is called _____ King of Pop.
 （マイケル・ジャクソンはポップスの王様と呼ばれている）

12. I always go skiing in **the winter**.
    ※ in winter だと曖昧になるため、普通は the を入れる。in the winter とすれば「冬には」と限定したニュアンスが出せる。

13. We had **chicken** for dinner.

14. I talked to **the Queen**.

15. She wants **short hair**.

16. I like to get up early in **the morning**.

17. We went to school by **bus**.

18. She kissed him on **the cheek**.

19. He's not very good at **history**.

20. I don't have **a car**.

21. She's **the person** for the job.

22. **Music** can change your life.

23. I met my friend on **the way**.

24. I want to live in **the country**.

25. He gave me **a look**.

26. How can we help **the poor**?

27. Michael Jackson is called **the King of Pop**.

Chapter 6

28. You have _____ ear for music.

（君は音楽を聴き分けるいい耳を持っている／君は耳が肥えている）

29. It was _____ first time I met him.

（それが彼にはじめて会った時だった）

30. He's good at _____ math.（彼は数学はお手のものだ）

31. I get paid by _____ hour.（私は時間給だ）

32. We had _____ good time.（われわれは楽しい時を過ごした）

33. He has a photo of _____ Alps.（彼はアルプスの写真を持っている）

34. He called home twice _____ week.（彼は週に2回家に電話をかけた）

35. I've never seen _____ Indian Ocean.

（私はインド洋を見たことがない）

36. We were in _____ hurry.（私たちは急いでいた）

37. _____ Greens are on vacation this week.

（グリーン家は今週バカンスに出ている）

38. _____ sugar isn't very good for you.（砂糖はあまり健康によくない）

39. This painting was made in _____ 1920s.

（この絵は1920年代に描かれた）

40. I got burned by _____ stock market.（株で痛い目にあった）

41. I went to several parts of _____ country.

（その国のいろいろな場所へ行った）

28. You have **an ear** for music.

29. It was **the first time** I met him.

30. He's good at **math**.

31. I get paid by **the hour**.

32. We had **a good time**.

33. He has a photo of **the Alps**.

34. He called home twice **a week**.

35. I've never seen **the Indian Ocean**.

36. We were in **a hurry**.

37. **The Greens** are on vacation this week.

38. **Sugar** isn't very good for you.

39. This painting was made in **the 1920s**.

40. I got burned by **the stock market**.

41. I went to several parts of **the country**.

Chapter 6

42. Almost all of _____ books got wet.

    (そこにあったほとんどの本が濡れた)

43. _____ milk is not the only source of calcium.

    (牛乳が唯一のカルシウム源というわけではない)

44. _____ love is important.（愛は大事なもの）

45. _____ dentist is an important part of health care.

    (歯医者は健康管理の重要な部分を担っている)

46. _____ news about the scandal was kept quiet.

    (そのスキャンダルに関するニュースは表ざたにされなかった)

47. She put _____ flower on my desk.（彼女は私の机に１本の花を置いた）

48. What _____ beautiful moon!（なんてきれいな月！）

49. She owns _____ Renoir.（彼女はルノアールの作品を１点持っている）

50. He's been to _____ number of countries.

    (彼はいくつもの国々に行ったことがある)

42. Almost all of **the books** got wet.

43. **Milk** is not the only source of calcium.

44. **Love** is important.

45. **The dentist** is an important part of health care.

46. **The news** about the scandal was kept quiet.

47. She put **a flower** on my desk.

48. What **a beautiful moon**!

49. She owns **a Renoir**.

50. He's been to **a number of countries**.

What a beautiful moon!   **Look at the moon!**

Chapter 6

長文問題

仕上げに、最後は身近な会話や文章からの問題です。現実問題として冠詞をよく使うのは、短文よりも会話やメールが多いと思います。

ここまでの問題が解ければ簡単ですよ……ね？　まずはテレビなどのアナウンス問題からはじめ、会話、メール文、手紙の長文にも挑戦しましょう。

1　テレビ

次の空所にあてはまる冠詞を、a / an / the / ×（無冠詞）の中から選び、書き入れなさい。

Weather report

Good morning. This is _____ weekend weather report from _____ CNB Channel. Yesterday was rainy, but I'm happy to report that today will be mostly warm and sunny. If you're planning to do something outside on _____ weekend, you have nothing to worry about. _____ temperature will reach as high as 24 degrees on Saturday and 26 on Sunday. But on Sunday, later in _____ evening, _____ few rain clouds will move into our area, bringing _____ 40 percent chance of showers. Monday is expected to be rainy again, and the temperatures will likely reach _____ high of just 22. Please stay tuned for daily updates.

uncountable

1　テレビ　解答

Weather report

Good morning. This is ***the*** weekend weather report from ***the*** CNB Channel. Yesterday was rainy, but I'm happy to report that today will be mostly warm and sunny. If you're planning to do something outside on ***the*** weekend, you have nothing to worry about. ***The*** temperature will reach as high as 24 degrees on Saturday and 26 on Sunday. But on Sunday, later in ***the*** evening, ***a*** few rain clouds will move into our area, bringing ***a*** 40 percent chance of showers. Monday is expected to be rainy again, and the temperatures will likely reach ***a*** high of just 22. Please stay tuned for daily updates.

Chapter 6

> 【日本語訳】 天気予報
>
> おはようございます。CNB チャンネルから週末の天気予報です。
> 昨日は雨でしたが、幸い今日はほぼ1日暖かく晴れる予報です。
> 週末に出かける予定がある方、ご心配いりません。

2　機内放送

次の空所にあてはまる冠詞を、a / an / the / ×（無冠詞）の中から選び、書き入れなさい。

Airline announcements

Good morning, ladies and gentlemen. Welcome onboard _____ Skyair, Flight 305 to Tokyo.

_____ Captain on this flight is James Taylor. The cabin attendants will be checking _____ cabin before departure. Please make sure your seat belt is securely fastened.

_____ seat belt sign has been turned off. However, please keep your seatbelt fastened whenever seated.

Good morning, ladies and gentlemen. This is Captain James Taylor. We're flying over _____ Rocky Mountains now as we follow the airflow towards _____ Alaska for _____ smoother flight. We

気温は、土曜日は 24 度、日曜日には 26 度まで上がるでしょう。
しかし日曜日の夜遅くには、雨雲がこの地域に移動してくるため、降水確率は 40% になります。月曜日には再び雨が降り、気温も 22 度程度までしか上がらないと予想されます。チャンネルはそのままで、今日の最新情報をお待ちください。

2 機内放送 解答

Airline announcements

Good morning, ladies and gentlemen. Welcome onboard ***Skyair***, Flight 305 to Tokyo.

The Captain on this flight is James Taylor. The cabin attendants will be checking ***the*** cabin before departure. Please make sure your seat belt is securely fastened.

The seat belt sign has been turned off. However, please keep your seatbelt fastened whenever seated.

Good morning, ladies and gentlemen. This is Captain James Taylor. We're flying over ***the*** Rocky Mountains now as we follow the airflow towards ***Alaska*** for ***a*** smoother flight. We don't expect any

Chapter 6

don't expect any weather problems on our flight today.

Let us know if we can do anything for you, and please enjoy _____ flight.

Ladies and gentlemen, we expect to land at _____ Narita International Airport in about two hours. According to _____ latest weather report, it's sunny in Narita, and _____ temperature is 17 degrees Celsius. We'll be ending duty free shopping shortly. Passengers who would like to make _____ purchase, please let us know now.

Ladies and gentlemen, we're now making _____ final approach. Please fasten your seat belt securely, and return your seat and table to _____ original position. Please switch off all electronic devices, and keep them off. Please refrain from using _____ lavatory. Thank you.

【日本語訳】 機内放送

みなさま、おはようございます。本日はスカイエアー・東京行き 305 便にご搭乗いただきまして、誠にありがとうございます。
　当機の機長はジェームズ・テイラーです。出発前に搭乗員が機内を点検いたします。シートベルトがしっかり固定されたことをご確認ください。
　シートベルトのサインが消えましたが、座席にお座りのあいだは、シートベルトの着用をお願いいたします。
　みなさま、おはようございます。機長のジェームズ・テイラーです。当機はアラスカへ向けた気流に乗り順調にフライトを続けており、現在ロッキー山脈の上を飛行中です。本日の飛行では天候に関しては何の問題もないと思われます。

weather problems on our flight today.

Let us know if we can do anything for you, and please enjoy **the** flight.

Ladies and gentlemen, we expect to land at **Narita International Airport** in about two hours. According to **the** latest weather report, it's sunny in Narita, and **the** temperature is 17 degrees Celsius. We'll be ending duty free shopping shortly. Passengers who would like to make **a** purchase, please let us know now.

Ladies and gentlemen, we're now making **a** final approach. Please fasten your seat belt securely, and return your seat and table to **the** original position. Please switch off all electronic devices, and keep them off. Please refrain from using **the** lavatory. Thank you.

　　何か御用がございましたらお知らせください。それでは空の旅をお楽しみください。
　　みなさま、当機は約２時間で成田国際空港に着陸の予定です。最新の天気予報によりますと、現在、成田は晴れ、気温は摂氏17度です。
　　まもなく免税品の販売を終了いたします。ご購入なさりたいお客さまは、今すぐお知らせください。
　　みなさま、当機はこれより着陸態勢に入ります。
　　シートベルトをしっかりとお締めになり、座席とテーブルを元の位置にお戻しください。すべての電子機器の電源をお切りになり、そのままの状態でお願いします。また化粧室のご使用もお控えくださいませ。よろしくお願いします。

Chapter 6

> 3　会話

次の空所にあてはまる冠詞を、a / an / the / ×（無冠詞）の中から選び、書き入れなさい。

Asking for directions

Tourist: Hello. We're looking for _____ museum.

Stranger: Is that _____ museum with _____ Picasso exhibition?

Tourist: I think so, but I'm not sure. I think it's somewhere near _____ big park.

Stranger: There are a lot of big parks, and there are two museums near here. One's _____ modern arts museum, and _____ other is _____ ceramics museum.

Tourist: Oh, then it's _____ modern arts museum.

Stranger: You're going in _____ right direction. Just keep going straight and turn left at _____ second stoplight. Then go _____ block, and turn left. Soon you'll come to _____ big park. It's inside _____ park.

Tourist: Is it _____ big building?

Stranger: Yes, it's _____ big red building with _____ tower on top.

Tourist: Okay. Can you show me where it is on this map?

Stranger: Um, let me see. We're here now, and here's _____ museum. I think this is _____ best way.

Tourist: Okay, thanks a lot.

Stranger: Sure. ...Oh! I just remembered something. _____ Queen

3 会話 解答

Asking for directions

Tourist: Hello. We're looking for ***the*** museum.

Stranger: Is that ***the*** museum with ***the*** Picasso exhibition?

Tourist: I think so, but I'm not sure. I think it's somewhere near ***a*** big park.

Stranger: There are a lot of big parks, and there are two museums near here. One's ***a*** modern arts museum, and ***the*** other is ***a*** ceramics museum.

Tourist: Oh, then it's ***the*** modern arts museum.

Stranger: You're going in ***the*** right direction. Just keep going straight and turn left at ***the*** second stoplight. Then go ***a*** block, and turn left. Soon you'll come to ***a*** big park. It's inside ***the*** park.

Tourist: Is it ***a*** big building?

Stranger: Yes, it's ***a*** big red building with ***a*** tower on top.

Tourist: Okay. Can you show me where it is on this map?

Stranger: Um, let me see. We're here now, and here's ***the*** museum. I think this is ***the*** best way.

Tourist: Okay, thanks a lot.

Stranger: Sure. ...Oh! I just remembered something. ***The*** Queen is

Chapter 6

	is visiting _____ museum today, so you might need _____ special ticket.
Tourist:	Well, actually, I do have _____ special ticket.
Stranger:	You do?
Tourist:	Yes, _____ Queen invited me. We're good friends.
Stranger:	Really? You don't have _____ extra ticket, do you?
Tourist:	Actually, I do. How about joining me?
Stranger:	That sounds like great fun!
Tourist:	Let's go!

【日本語訳】　道をたずねる

観光客　　：　こんにちは。美術館を探しているんですが。
身知らぬ人：ピカソ展をやっている美術館のこと？
観光客　　：　そうだと思うんですが、わかりません。大きな公園の近くなんですけど。
身知らぬ人：大きな公園はたくさんあるし、この近くには２つの美術館があるんですよ。１つは現代美術で、もう１つは陶器の美術館です。
観光客　　：　ああ、それじゃあ、現代美術のほうです。
身知らぬ人：その方向で合ってますよ。そのまままっすぐ行って、２つ目の信号で左に曲がって。それから１ブロック行き、左に。すぐに大きな公園に着くよ。その公園の中にある。
観光客　　：　大きな建物ですか？
身知らぬ人：そう。てっぺんに塔がある、大きな赤い建物だよ。

	visiting ***the*** museum today, so you might need ***a*** special ticket.
Tourist:	Well, actually, I do have ***a*** special ticket.
Stranger:	You do?
Tourist:	Yes, ***the*** Queen invited me. We're good friends.
Stranger:	Really? You don't have ***an*** extra ticket, do you?
Tourist:	Actually, I do. How about joining me?
Stranger:	That sounds like great fun!
Tourist:	Let's go!

観光客：	わかりました。この地図でどこになるか教えてもらえますか？
身知らぬ人：	ええっと、今ここだろう、そしてここが美術館だ。これがいちばんいい行き方だと思うよ。
観光客：	わかりました。どうもありがとうございます。
身知らぬ人：	どういたしまして。あ、思い出した！ 女王陛下が今日、美術館を訪問しているから、特別チケットが必要かもしれない。
観光客：	ええ、実は特別チケットを持っているんですよ。
身知らぬ人：	あなたが？
観光客：	はい。女王陛下が招待してくれたんです。友人なんですよ。
身知らぬ人：	本当に？ 余分なチケットは持ってないよね？
観光客：	実はあるんです。一緒に行きません？
身知らぬ人：	それはスゴい！
観光客：	行きましょう！

Chapter 6

4　会話

次の空所にあてはまる冠詞を、a / an / the / ×（無冠詞）の中から選び、書き入れなさい。

At the office

Receptionist: Excuse me.
Businessman: Yes, what is it?
Receptionist: There's _____ Bill Bates here to see you.
Businessman: You mean _____ Bill Gates?
Receptionist: Well, he kind of looks like him.
Businessman: I hope that's _____ joke.
Receptionist: Go see for yourself.
Businessman: Okay, but I need _____ minute.
Receptionist: Should I have him wait in _____ lobby or take him to _____ meeting room?
Businessman: Take him to _____ meeting room—_____ best room we have!
Receptionist: Okay, sure.
Businessman: And ask him if he'd like _____ drink. Give him whatever he wants.

　　　　　＊　　＊　　＊

Receptionist: _____ Bill Gates look-alike is still waiting.
Businessman: Tell him I'm on _____ call. I just need to clean up.
Receptionist: You look just fine. You'd better hurry or he's going

4 会話 解答

At the office

Receptionist: Excuse me.
Businessman: Yes, what is it?
Receptionist: There's ***a*** Bill Bates here to see you.
Businessman: You mean ***the*** Bill Gates?
Receptionist: Well, he kind of looks like him.
Businessman: I hope that's ***a*** joke.
Receptionist: Go see for yourself.
Businessman: Okay, but I need ***a*** minute.
Receptionist: Should I have him wait in ***the*** lobby or take him to ***a*** meeting room?
Businessman: Take him to ***a*** meeting room—***the*** best room we have!
Receptionist: Okay, sure.
Businessman: And ask him if he'd like ***a*** drink. Give him whatever he wants.

* * *

Receptionist: ***The*** Bill Gates look-alike is still waiting.
Businessman: Tell him I'm on ***a*** call. I just need to clean up.
Receptionist: You look just fine. You'd better hurry or he's going

Chapter 6

	to leave.
Businessman:	I need just _____ few more minutes.
Receptionist:	You have _____ sweat on your face. Why are you so worried?
Businessman:	It's Bill Gates!
Receptionist:	I didn't say Bill Gates, I said Bill Bates.
Businessman:	Bill Bates?! He's that pushy salesman that wants to sell us _____ copy machine?
Receptionist:	Oh...
Businessman:	That was _____ waste of time. You should have told me.
Receptionist:	You should have listened more carefully.

【日本語訳】 オフィスにて

受付： すいません。
社員： ああ、どうした？
受付： ビル・ベイツがお会いしたいと来ているんですが。
社員： あの有名な Bill Gates が？
受付： ええ、彼にちょっと似てますね。
社員： 冗談だろう？
受付： ご自分の目で確かめてみては。
社員： わかった、でもちょっと待って。
受付： 彼をロビーでお待たせしますか、それとも会議室にお連れしますか？
社員： 会議室に連れていくんだ、うちでいちばんの！
受付： ええ、わかりました。
社員： それから飲み物がいるかどうか聞いて、何でもお好きなものをお出ししなさい。

＊　＊　＊

	to leave.
Businessman:	I need just **a** few more minutes.
Receptionist:	You have **sweat** on your face. Why are you so worried?
Businessman:	It's Bill Gates!
Receptionist:	I didn't say Bill Gates, I said Bill Bates.
Businessman:	Bill Bates?! He's that pushy salesman that wants to sell us **a** copy machine?
Receptionist:	Oh...
Businessman:	That was **a** waste of time. You should have told me.
Receptionist:	You should have listened more carefully.

受付：	ビル・ゲイツのそっくりさんは、まだお待ちのようです。
社員：	私は電話中だと言ってくれ。きちんと身支度しないと。
受付：	大丈夫ですよ。急がないと、行っちゃいますよ。
社員：	まだもうちょっと時間がかかるんだ。
受付：	お顔に汗が。なぜそんなに気になさっているんですか？
社員：	ビル・ゲイツだぞ！
受付：	ビル・ゲイツではありません。ビル・ベイツと言いましたよ。
社員：	ビル・ベイツだって？ コピー機を売りつけようとしている図々しいセールスマンだろう？
受付：	ええ…。
社員：	時間のムダだったじゃないか。なぜそれを言わなかったんだ。
受付：	もっと人の話をちゃんと聞くべきだったんですよ。

Chapter 6

5　メール

次の空所にあてはまる冠詞を、a / an / the / ×（無冠詞）の中から選び、書き入れなさい。

Dear Robert,

Thank you again for coming to our headquarters on Friday. I really enjoyed talking with you about _____ possibility of working together.

I've enclosed _____ updated price list that you requested. I've also enclosed _____ brochure for our latest products. If you have _____ question about _____ specific product, please send me _____ e-mail or give me _____ call. I would be happy to visit you at your convenience.

I'd also like to mention that we will have _____ booth at _____ ABC Office Automation Exhibition next month. If you plan on attending, I would be happy to send you _____ VIP invitation. This will be _____ good opportunity for you to see _____ new models I told you about.

In any case, I look forward to _____ next opportunity to talk with you.

Sincerely,
Mariko Suzuki
Sales Director
ABC Manufacturing

5 メール 解答

Dear Robert,

Thank you again for coming to our headquarters on Friday. I really enjoyed talking with you about **the** possibility of working together.

I've enclosed **the** updated price list that you requested. I've also enclosed **a** brochure for our latest products. If you have **a** question about **a** specific product, please send me **an** e-mail or give me **a** call. I would be happy to visit you at your convenience.

I'd also like to mention that we will have **a** booth at **the** ABC Office Automation Exhibition next month. If you plan on attending, I would be happy to send you **a** VIP invitation. This will be **a** good opportunity for you to see **the** new models I told you about.

In any case, I look forward to **the** next opportunity to talk with you.

Sincerely,
Mariko Suzuki
Sales Director
ABC Manufacturing

Chapter 6

【日本語訳】
ロバート

金曜日は弊社にお越しいただき、改めて御礼申し上げます。一緒にお仕事をさせていただく可能性についてお話しすることができて、大変有意義でした。

ご要望された最新の価格表を同封いたします。新製品のパンフレットも同封いたします。特定の製品に関する質問がございましたら、どうぞメールもしくはお電話をください。ご都合のよい時に、喜んで伺います。

来月、ABCオフィス・オートメーション展示会にブースを出すこともお伝えいたします。もし出席のご意向であれば、喜んでVIPの招待状を送らせていただきます。

お話しした新しいモデルを見ていただくよい機会になるでしょう。

いずれにせよ、改めてお話しできる機会を楽しみにしております。

敬具
鈴木真理子

ABC 製造
販売部長

Chapter 6

6　メール

次の空所にあてはまる冠詞を、a / an / the / ×（無冠詞）の中から選び、書き入れなさい。

To: mikegreen@abc.com
Subject: Resume Submission for Graphic Designer Position

Dear Mr. Green:

I saw your job posting on _____ ABC Job Board for _____ entry-level graphic artist position, and I was immediately interested. Let me summarize my background below. I've also attached _____ resume with _____ details of my education and experience.

_____ University of _____ New York with _____ Bachelor of Graphic Arts in May of this year. While taking classes, I also worked part time at _____ New York Museum of Fine Arts making their brochures for various art exhibitions.

I am especially proud of _____ opportunity I was given to design _____ PR materials for _____ Japanese modern art exhibition taking place at _____ museum now. _____ museum has offered me _____ position, but I have always wanted to work with _____ publishing company, and so I don't want to pass up this possibility.

6 メール 解答

To: mikegreen@abc.com
Subject: Resume Submission for Graphic Designer Position

Dear Mr. Green:

I saw your job posting on **the** ABC Job Board for **an** entry-level graphic artist position, and I was immediately interested. Let me summarize my background below. I've also attached **a** resume with **the** details of my education and experience.

The University of **New York** with **a** Bachelor of Graphic Arts in May of this year. While taking classes, I also worked part time at **the** New York Museum of Fine Arts making their brochures for various art exhibitions.

I am especially proud of **the** opportunity I was given to design **the** PR materials for **the** Japanese modern art exhibition taking place at **the** museum now. **The** museum has offered me **a** position, but I have always wanted to work with **a** publishing company, and so I don't want to pass up this possibility.

Chapter 6

I would greatly appreciate the opportunity to meet with you at your convenience. I'm sure that you will see that enthusiasm and creativity will make up for my lack of experience.

Thank you for taking your time to review my resume. I would be very glad to hear from you with _____ offer to interview for this position.

Please contact me at 111-555-5555 or student@mail.abc.edu. I look forward to hearing from you.

Sincerely,
Hiroshi Sato

【日本語訳】
宛先：マイク・グリーン（mikegreen@abc.com）
件名：グラフィック・デザイナー志望履歴書送付

グリーン様

ABC求人掲示板で、エントリーレベルのグラフィックアーティストの求人票を拝見し、すぐに関心を持ちました。以下に経歴をまとめさせていただきます。学歴と職歴の詳細を記した履歴書も添付いたします。

今年5月のニューヨーク大学グラフィックアーツの学士。在学中、ニューヨーク美術館で、非常勤としてさまざまな展覧会パンフレットの仕事をしました。

特に、今、同美術館で開催されている日本の現代美術展のPR資料をデザインさせていただけたことを、光栄に思います。美術館の方々は私に職を与えるといってく

I would greatly appreciate the opportunity to meet with you at your convenience. I'm sure that you will see that enthusiasm and creativity will make up for my lack of experience.

Thank you for taking your time to review my resume. I would be very glad to hear from you with **an** offer to interview for this position.

Please contact me at 111-555-5555 or student@mail.abc.edu. I look forward to hearing from you.

Sincerely,
Hiroshi Sato

れましたが、常々出版社で働きたいと思っておりましたので、このたびの機会を逃したくはありません。

ご都合のつく時にお会いする機会をいただけましたら、とてもありがたく思います。私の経験のなさを、情熱と創造力で補えることがご理解いただけると確信しております。

履歴書にお目通しいただき、ありがとうございます。面接のご連絡をいただければ、幸いです。

111-555-5555、もしくは student@mail.abc.edu までご連絡ください。お待ちしております。

佐藤弘

Chapter 6

7　長文

「シアトル酋長からアメリカ大統領への手紙」

1854年、アメリカの第14代大統領フランクリン・ピアスは、ネイティブアメリカンの土地を買収し、かわりに居留地を与えると申し出ました。この文章は、それに対してシアトル酋長が大統領に送った手紙の抜粋です。

この文章はとても有名なものですから、ご存知の方も多いと思います。実際はシアトル酋長ではなくほかの人が書いたものだとか、そもそもこのような手紙自体、存在しないなど諸説ありますが、現在われわれが読んでも学ぶ所の多い文章です。一部抜粋ですが、最後はこの文章を読んでみましょう。

Our Sacred Land - by Chief Seattle (1854)　抜粋

_____ Great Chief in Washington sends word, that he wishes to buy our land. _____ Great Chief also sends us words of friendship and goodwill. This is kind of him, since we know he has little need of our friendship in return. But we will consider your offer. For we know that if we do not sell, _____ white man may come and take our land.
How can you buy or sell _____ sky, the warmth of _____ land? _____ idea is strange to us.

I am _____ savage and I do not understand any other way. I have seen _____ thousand rotting buffalo on _____ prairie, left by _____ white man who shot them from _____ passing train. I am _____ savage and I do not understand how _____ smoking iron horse, can be more important

7 長文 解答

Our Sacred Land - by Cheroke Chief Seattle (1854) 抜粋

The Great Chief in Washington sends word, that he wishes to buy our land. **The** Great Chief also sends us words of friendship and goodwill. This is kind of him, since we know he has little need of our friendship in return. But we will consider your offer. For we know that if we do not sell, **the** white man may come and take our land.

How can you buy or sell **the** sky, the warmth of **the** land? **The** idea is strange to us.

I am **a** savage and I do not understand any other way. I have seen **a** thousand rotting buffalo on **the** prairie, left by **the** white man who shot them from **a** passing train. I am **a** savage and I do not understand how **the** smoking iron horse, can be more important than buffalo that we

Chapter 6

than buffalo that we kill only to stay alive.

Whatever befalls _____ earth, befalls _____ sons of _____ earth. Man did not weave _____ web of life; he is merely _____ strand in it. Whatever he does to _____ web he does to himself.

Where is _____ thicket gone? Where is _____ eagle gone? _____ end of living and _____ beginning of survival.
So if we sell our land, love it as we've loved it, care for it as we've cared for it, hold in your mind _____ memory of _____ land as it is when you take it. And with all your strength, with all your heart, preserve it for your children and love it ... as God loves us all.

【日本語訳】
「我が神聖なる土地」
シアトル酋長からアメリカ大統領への手紙（**1854年**）　抜粋

　ワシントンにいる大統領が、われわれの土地を買いたいと伝えてきた。友情と友好の言葉も添えられている。これは彼の親切心からのものだ。なぜなら大統領は、その見返りとしてのわれわれの友情など必要としないのだから。しかしわれわれはこの申し出を検討しようと思う。われわれが土地を売らなければ、白人がやって来て奪うことはわかっているからだ。
どのようにして、空や大地の暖かさを売り買いできるのか？　その考えが不思議でならない。
　私は未開人で、ほかの生き方は理解できない。草原で千もの腐敗したアメリカバイソンの死体を見たが、それはそばを通り過ぎる汽車から白人が撃ち殺したものだ。

kill only to stay alive.

Whatever befalls *the* earth, befalls *the* sons of *the* earth. Man did not weave *the* web of life; he is merely *a* strand in it. Whatever he does to *the* web he does to himself.

Where is *the* thicket gone? Where is *the* eagle gone? *The* end of living and *the* beginning of survival.
So if we sell our land, love it as we've loved it, care for it as we've cared for it, hold in your mind *the* memory of *the* land as it is when you take it. And with all your strength, with all your heart, preserve it for your children and love it ... as God loves us all.

　私は未開人だから、なぜあの煙を出す汽車が、私たちが生きていくためだけに殺すアメリカバイソンよりも価値があるのか理解できない。
　地球に起こったできごとは、いずれわれわれにも降りかかる。人間が生命という織物を織ったのではない。人はその織物の、１本の糸にすぎないのだ。その織物に対して人間が何かをすれば、それは自分に対してやっているのと同じだ。
　茂みはどこに行ったのか。鷲はどこに行ったのか。生命の終わりとは、「生き延びること」の始まりだ。
　われわれがこの土地を売ったら、われわれと同じようにこの土地を愛し、世話をしてほしい。手に入れた時のままの大地を、心に刻んでほしい。そして全力を尽くし、心をこめて、後世までこの大地を残し、愛してほしい…神がわれわれすべてを愛するように。

Chapter 6

　この本1冊を読み通し、問題のとおりに英訳・和訳を繰り返せば、かなりの冠詞感覚が身についているはずです。

　あとは英文を目にする際、つねに冠詞を意識するようにしましょう。絶えず英語に触れることで、ネイティブに近い感覚が養われていきます。

「習うより慣れろ」(Practice makes perfect.)

　最後に改めてこの言葉を贈ります。

● **著者紹介** ●

デイビッド・セイン（David A. Thayne）

　1959年アメリカ生まれ。カリフォルニア州アズサパシフィック大学（Azusa Pacific University）で、社会学修士号取得。証券会社勤務を経て、来日。日米会話学院、バベル翻訳外語学院などでの豊富な教授経験を活かし、現在までに100冊以上、累計300万部の著作を刊行している。日本で25年以上におよぶ豊富な英語教授経験を持ち、これまで教えてきた日本人生徒数は数万人に及ぶ。英会話学校経営、翻訳、英語書籍・教材制作などを行なうクリエーター集団 A to Z（www.atozenglish.jp）の代表も務める。著書に、『ネイティブが教える 英語の語法とライティング』『ネイティブが教える動詞の使い分け』（研究社）、『爆笑！英語コミックエッセイ 日本人のちょっとヘンな英語』（アスコム）、『英語ライティングルールブック――正しく伝えるための文法・語法・句読法』（DHC）、『その英語、ネイティブにはこう聞こえます』（主婦の友社）、『ミライ系 NEW HORIZON でもう一度英語をやってみる：大人向け次世代型教科書』（監修、東京書籍）、『やり直し教養講座 英文法、ネイティブがもっと教えます』（NHK出版新書）など多数。

　　　　森田修（もりた　おさむ）　古正佳緒里（ふるしょう　かおり）

●帯イラスト●
豊島宙

●編集協力●
杉山まどか

ネイティブが教える
ほんとうの英語の冠詞の使い方
Mastering English Articles

● 2013年2月15日　初版発行 ●
● 2024年4月12日　5刷発行 ●

● 著者 ●

デイビッド・セイン（David A. Thayne）
森田修・古正佳緒里（AtoZ）

Copyright © 2013 by AtoZ

発行者　●　吉田尚志

発行所　●　株式会社　研究社

〒 102-8152　東京都千代田区富士見 2-11-3

電話　営業 03-3288-7777（代）　編集 03-3288-7711（代）

振替　00150-9-26710

https://www.kenkyusha.co.jp/

KENKYUSHA

装丁　●　久保和正

組版・レイアウト　●　AtoZ

印刷所　●　図書印刷株式会社

ISBN 978-4-327- 45253-7 C0082　Printed in Japan

価格はカバーに表示してあります。
本書のコピー、スキャン、デジタル化等の無断複製は、著作権法上での例外を除き、禁じられています。
また、私的使用以外のいかなる電子的複製行為も一切認められていません。
落丁本、乱丁本はお取り替え致します。
ただし、古書店で購入したものについてはお取り替えできません。

研究社の出版案内

ネイティブが教える
英語の動詞の使い分け

デイビッド・セイン
森田 修・古正佳緒里〔著〕

A5判 並製 288頁
ISBN978-4-327-45247-6

「この状況、文脈では、どんな動詞をあてるべきか？」

日本人英語学習者がなかなか理解しにくいこの問題を、セイン先生が、実際に多くのネイティブスピーカーに調査したうえで、ずばり教えてくれます！

さて、問題です。次の1〜5の例文の空白には、
acquire, get, obtain, gain, earn のどれを入れるのがいちばん適当でしょうか？

1. Young people should try to _____ skills that will help them find work.
2. Paul _____ enough money working after school to travel around the world.
3. She _____ the respect of the community with her honesty.
4. I _____ 30 inquiries into the construction project.
5. It took him three months to _____ a work permit in Canada.

（答えはすべて本書の中！）

ネイティブが教える
英語の語法とライティング

日本人学習者が英訳の際によく間違えてしまう微妙な日本語の言い回しを、**セイン先生**が分かりやすく英訳・解説！文法的に正しい英文を書きたい方の必携書！

A5判 並製 280頁 ISBN978-4-327-45240-7

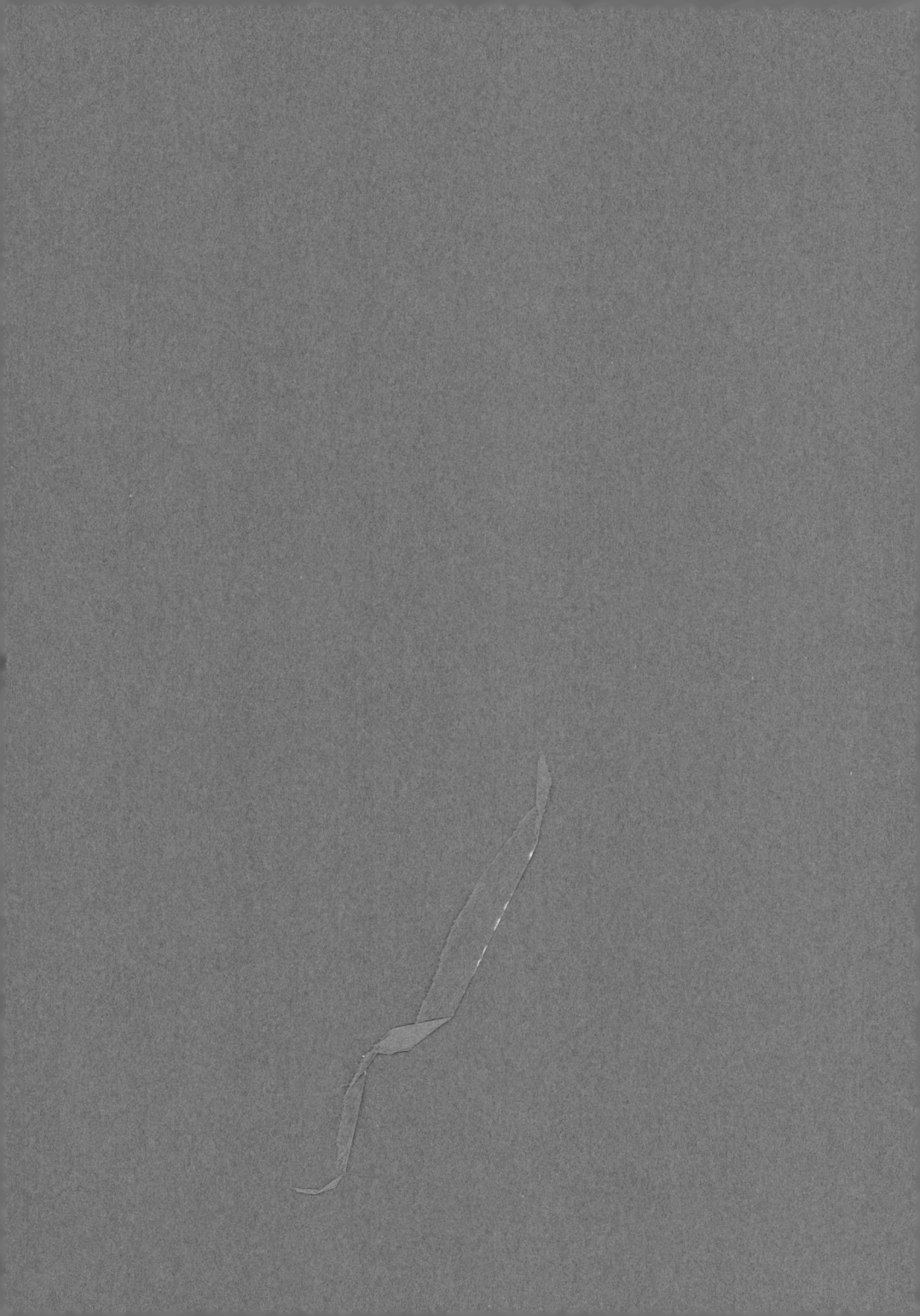